박석수문학의 흔적과 궤적

박석수 전집 ❻
평론

박석수 문학의 흔적과 궤적

박석수 전집 ❻
평론

발간사

평택문화의 새 길 찾는 원동력 되기를

　박석수 문학전집을 제6권 『박석수문학의 흔적과 궤적』 출간으로 마무리하고자 한다. 그동안 세 권의 소설집과 한 권의 장편소설掌篇小說, 그리고 시 전집 한 권을 출간하였다. 박석수 문학전집이라고는 하나 박석수의 모든 작품을 망라한 것은 아니다. 신문연재 소설을 비롯하여 나머지 여러 작품들이 있으나 대표작은 얼추 포함되었다 할 것이다.

　제6권은 시인 그리고 소설가로서 박석수 작품에 대한 평가들을 모았다. 이번 도서의 경우는 대중적 독서를 목표로 한다기보다는 혹 박석수문학에 대한 연구자를 위해 남겨놓아야겠다는 생각에서 엮게 되었다.

　시기별로 시집 혹은 소설집의 해설을 중심으로 글을 모으다 보니 너무 오래되어 저자의 허락을 구하지 못한 글도 있다. 작가 박석수를 아끼는 마음으로 널리 혜량해주시라 믿는 길밖에는 없다. 문학을 공부하는 연구자들에게도 도움이 되었으면 하는 바람이다.

　이번 책도 평택시 공모사업의 도움을 받아 출간하게 되었다. 감사드린다. 그동안 박석수 문학전집을 위해 고생한 박석수기념사업회의 박맹호, 손창완 두 선생님께도 감사드린다. 주변의 손길과 도움이 없었다면 이 문학전집은 출간이 불가능했을 것이다.

　이제 박석수기념사업은 단지 문학만이 아니라 문화운동으로 큰 흐름을 가져가야 할 때가 되었다. 아무쪼록 박석수 문학전집이 평택의 현대사를 관통해 여기 살고 있는 우리로 하여금 깨어 있는 정신을 선사했듯 우리도 후세를 위해 무엇을 할 것인가 고민할 때이다.

　이 문학전집의 출간은 그러한 반성과 과제를 동시에 제공해 줄 것이라 믿는다. 박석수 문학전집의 완간은 평택문화의 한 근 골의 완성이며 앞으로 평택문화가 새로운 길을 찾아나서는 원동력이 될 것이다.

　다시 한번 관심을 가져주신 모든 분들께 감사드린다.

2025년 11월
박석수 기념사업회 회장 우대식

차례

발간사 | **평택문화의 새 길 찾는 원동력 되기를** · 우대식   4

제1부 | 박석수의 궤적

박석수의 인간과 문학 · 김대규	11
그래프의 안과 밖 · 이외수	19
삶에 대한 진실한 대응 · 권영민	23
절망의 늪에서 간구하는 상상력 사냥 · 이윤택	34
한미 관계와 소외의 문제 · 이동하	40
빼앗기와 빼앗기기 · 임헌영	52
소설과 당나귀 귀병 · 전영태	55
소설작품에 투영된 민주화 성향 · 이명재	58
배경으로서의 자기 세계 · 이내수	62
예시와 회상의 기능 · 이내수	68
'설행雪行'의 미학적 상상력 · 유한근	72
소설인물의 인식확장으로 본 삶 · 정현기	80
인생의 방황과 예술혼의 개선 · 김대규	96
콩트의 정도와 정수 · 이래수	112
'짧은 소설' 속에 담긴 번뜩이는 지혜 · 김승옥	121
쑥고개의 비가悲歌 · 우대식	130
쑥고개-박석수 문학의 영토 · 유정이	146

제2부 | 2017년 박석수 학술대회

박석수의 전기적 사실과 문학적 행보 · 우대식	157
박석수 시 속의 수원과 연무동 서정 · 정수자	188
박석수 인물 콘텐츠화 · 박명호	216

제3부 | 박석수문학의 흔적

머리에	225
나의 독자들에게 내 영원한 짝사랑 소녀에게	227
어둠은 신의 청진기	230
작가의 말	234
후기	236
미지의 독자들에게	237
너무 함부로 살아온 인생	240
소설 속 그 사람	241
'소설 李外秀'에 대한 나의 생각	245

| 제1부 |

박석수의 궤적

박석수의 인간과 문학
그래프의 안과 밖
삶에 대한 진실한 대응
절망의 늪에서 간구하는 상상력 사냥
한미 관계와 소외의 문제
빼앗기와 빼앗기기
소설과 당나귀 귀병
소설작품에 투영된 민주화 성향
배경으로서의 자기 세계
예시와 회상의 기능
'설행雪行'의 미학적 상상력
소설인물의 인식확장으로 본 삶
인생의 방황과 예술혼의 개선
콩트의 정도와 정수
'짧은 소설' 속에 담긴 번뜩이는 지혜
쑥고개의 비가悲歌
쑥고개-박석수 문학의 영토

박석수의 인간과 문학

김대규

 10년 전 어느 날, 쓴다는 행위가 포함된 일체의 언행에 외도란 있을 수 없다는 내 평소의 소신에 박석수는 한 법정 대리인처럼 나타났다. 사실 그는, 만나기 이전부터 누구나 늘 만나고 있는 그런 성향의 소유자였다. 당신이 참된, 그리고 본질적인 의미의 '시인'을 이해한다면 석수는 항상 당신 곁에 있는 것이다. 그것은 우리가 불행한 연대의 시인이라는 단순한 이유에서가 아니라, 그가 항상 인간의 가장 인간인 점을 가장 순수한 인간답게 살아가기 때문이며, 그러한 삶의 결과를 시로 구제받아야 하는 가장 어려운 자리에 그가 서 있기 때문이다.
 석수는 항상 인간보다는 작품을, 나는 작품보다는 인간을 역설했다. 그가 얼마나 사람에 시달려 짜증난 결과인지, 내가 얼마나 기교화되는 시작에 혐오감을 가져온 결과인지는 모르지만, 나는 여기서 바로 그 작품과 인간의 빛과 어둠을 황금분할 黃金分割 하고자 발문跋文이라는 관습의 모자를 힘있게 벗어던진다.

 석수와 나는 10년을 술로, 편지로, 대화로, 전화로, 시로, 제일 깊게는 방랑의 침묵, 그 고독 속의 자립으로 친해왔다.

'나는 한번도 숨어 보지 못했다'고 석수는 고백하지만 이제부터는 그가 숨을 차례다. 그가 숨어 있는 곳을 잘 아는 내가 그를 찾아냈을 때, 그가 아직은 숨은 것이 아니라고 말한다면, 나는 다시 기다릴 수밖엔 없다. 숨바꼭질 놀이가 어린 장난이라도, 나에게는 많은 손의 박수갈채보다 한 손의 뜨거운 악수가 목마르다. 하여튼 나는 찾으러 간다. 석수야, 꼭꼭 숨어라.

    내 불안의 어깨를 빙글빙글 도는
    살의의 빛깔들은
    목청을 돋워
    나의 얼어붙은 童貞을 깬 후,
    어느 날의 바람처럼 가버리고…
                                —「술래의 노래 1」에서

그의 숨기는 '바람처럼 가버린' '동정童貞'에서 비롯된다. 동정의 상실 그것은 남자에게 주어지는, 최초의 미지세계에의 배반과 도전, 득의와 실의, 탐구와 허망, 경이와 불안, 죄와 벌 등 일체의 혼란과 내재적內在的 질서의 붕괴를 초래한다.

나는 문득 만남의 길을 떠난다.
한 줄기 기억하는 빛을 따라

내 울음심지의 불이 꺼지기 전에
아아, 나는 혼자의 길을 떠난다.

―「술래의 노래 3」에서

'만남의 길' '혼자의 길'의 의미는 바로 술래가 된 그가 홀로의 위안과 스스로의 자족自足을 찾는 길이다. '문득'이라는 충동적 행위에 '울음심지'는 삶의 내재적 고뇌가 그 아픔의 근원을 가리킨다.

이어서 그는 다음과 같이 사랑의 획득까지를 포기한다.

거리에서 몇 개의 動詞를 낚아
어두운 노래를 휘파람 부는 허갈.
이제 그 어떤 사랑도
나를 씻어낼 수는 없다.

―「술래의 노래 5」에서

'어떤 사랑'으로도 구제받을 수 없는 석수는 기실 어떤 구제도 사랑하지 않는다. 그렇다. 그에게는 오직 불행과 고뇌의 연속만이 스스로를 지탱해나가는 힘이 될 것이다.

그러나 나는 그의 상실의 방황이 획득의 개선이 되기를 희망하며 이러한 기대의 신호처럼, 그가 다시 그의 암실暗室로 돌아온 것을 살펴보는 즐거움을 주고 있다는 데 그의 내일을 짚어보는 것이다.

도시의 거리에서의 진득진득한 유랑 끝에 그는 새로운 각성覺醒의 얼굴로 그의 다락방에 잠입한다. 그것은 개선의 전주곡이며 승리에의 잠깸이다.

'암실'은 그에게 유년의 삽화들을 현상해내는 곳이고, 거기서 그는 누에고치가 실을 뽑아내듯 시의 가닥을 뽑아낸다. 그것은 '어둠을 신의 청진기'처럼 사용해온 그에게 가장 안전한 자기 구출 작업이다.

'시 말고 나는 또 무엇으로 내 생애를 남길 수 있을 것인가'라고 그는 시에의 귀의를 다짐하고 있다. 그것은 인간적 소망에 예술적 도전을 함께하는 것이다. 시로써 삶을 구제한다는 것, 그것처럼 위험스런 모험도 없다. 그러나 나에게 위험이란 없는 것이라고 그는 스스로 확신하고 있다.

너무 일찍 모든 걸
보아버렸나 보다.
너무 일찍 모든 걸
느껴버렸나 보다.
너무 일찍 모든 걸
말해버렸나 보다.

이러한 '랭보'적인 견자見者에게는 삶의 고뇌가 위험이 되지 않는다. 위험 속에서도 위험을 느끼지 않는 석수를 우리는 무엇이라 불러야 하는가. 인간적 감정의 부재란 인간의 언어로 명명할 수가 없다. 그래서 석수는 '비가悲歌'에서처럼 스스로 리트머스 시험지가 된다. 앞으로 석수는 모든 위험을 그 시험지에다 투과시켜볼 것이다.

이처럼 헛소문의 진위를 가려내는 일을 필생의 사명으로 떠맡고 스스로 고행의 길에 술래가 되어 떠난 사람이 바로 박석수인 것이다.

앞으로 그의 '암실'의 어둠은 더욱 짙어지고 거기서 그의 시는 더욱 빛날 것은 틀림없지만, 우리는 누구도 시와 삶의 물물교환적 상실을 기대해서는 안 되는 것이며, 삶의 획득이 시의 영광에 더 강한 빛을 얹어줌을 은근히 요구해야 하겠다.

'현대'라는 어둠뿐인 무대 위에 그가 새로이 설정한 '암실'의 어둠은 그의 유년을 찾아내는 회랑의 방이다. 그가 굳이 '어둠'을 내세우는 것은 그의 유년의 참담함을 말하는 것이고, 그가 그 참담함에 대해서 거듭 노래하는 것은 아직 아무도 찾지 못한 '술래'이기 때문이다. 나는 그가 끝끝내 아무도 찾아내지 못하기를 바란다. 그리하여 한국 시의 영원한 '술래'로서 어둠을 파헤쳐 감성의 승리를 언어에다 안겨주길 바란다.

그가 '일인一人의 시詩' '일행시一行詩' '일一의 시詩'를 부르짖는 소이연所以然을 바로 그 '영원한 술래'에 결부시킬 수 있는 것은 다음과 같은 시구의 암시를 옳게 읽어냈기 때문이다.

> 남의 밭에서 참외를 훔쳐내듯
>
> 그렇게
>
> 一人의 個性을,
>
> 一人의 눈물을,
>
> 一人의 恨을,
>
> 一人의 暗室을,
>
> 훔쳐낼 수는 없는 것이라고
>
> 나는 굳게 믿고 있다.
>
> ―「암실시사회暗室試寫會」에서

 이처럼 그가 누구로부터도 훔쳐오지도 않고, 누구에게도 도둑맞지 못할 그 '일인一人'의 시를 위하여 내가 할 수 있는 일이란, 나 역시 나 혼자만의 '일인一人'이 되는 길밖엔 없다.
 석수는 '시詩와 시론詩論' 동인회의 막내다. 우리 동인회는(내 혼자만의 생각이 아닌 것으로 믿는데) 무엇보다도 동인 간의 형제의식 같은 게 보통 이상으로 작용한다. 그런데 석수는 늘 자기는 막내로서의 자격이 없다고 해왔다. 그것은 그가 언제나 말썽꾸러기라는 자책감에서 기인되는 듯싶으나 나는 그가 '영원한 술래'임과 동시에 '영원한 막내'였으면 한다.
 그가 동인이 되기 전 그러니까 5년 전 1971년도 대한일보의 신춘문예에 당선. 그 시상식을 끝내고 곧장 안양으로 내려왔을 때의 그를 나는 언제까지나 잊지 못할 것이다. 그때 우리는 이틀 동안을 함께 마시면서 시와 삶을 이야기했다. 그는 자기의 새로운 출발이, 개선이 아니라 '휴전협정'임을 강조했다. 신춘문예 사상 당선소감이 빠진 채 시만 발표되어진 경우란 없었다고 그는 흥분했고, 나는 그것이 문단의 부패상을 드러내보인 것이라고 말했다. 그나 나나 주범이기를 원하지 방조자나 공범이기를 바라지는 않았지만, 그때의 그의 심경은 퍽 착잡해 있었다. 그래서 우리는 시인의 생명 본원적인 운명을 파내게 되었으며, 현상적인 일체의 일상성과 문단의 A·B·C를 하나씩 화형에 처할 수 있었다.

언제던가 '시詩와 시론詩論' 동인회의 모임이 있었을 때, 석수는 의무처럼 마셨고 권리처럼 취해 급기야는 싸움판을 벌이게 되었다. 그것은 삶의 아픔에 대한 주먹질들이었지만, 보고 있던 나도 석수를 때렸다. 때리고는 눈물을 흘리는 그를 보는 순간 나는 참을 수가 없었다. 나도 통곡을 했고, 모든 동인들도 흐느꼈다. 서로 피와 눈물을 닦아주고 팔장을 낀 채, 통금 이후의 거리에서 석수는 물었다.

"형님! 왜 때립니까? 나는 외롭게 시를 쓴 죄밖에 없습니다."

여관방에 가서도 그는 또 마셨고, 또 물었고, 다시 울었다.

석수가 「술래의 노래」를 시집으로 묶겠다고 한 것이 벌써 5년이나 지났다. 그동안의 삶의 어려움은 예서 말할 계제가 못 된다. 이 글을 쓰는 동안에도 나는 석수의 시보다도 그의 가정의 원만한 정립에 웬만큼 신경이 가는 게 아니다.

그렇다. 석수야, 잘 살자. 이 좋은 세상 만났으니 우리 오래오래 살아보자. 그 오래 사는 일이 시의 죄와 삶의 벌을 더 짓고 받는 길이라 해도.

아, 나는 왜 이렇게도 길게 썼을까?

이 사신私信의 공개 같은 글로써 나는 무엇을 원했던가.

그냥 한 줄로

'박석수-그는 천재다'라고 쓰는 것이 오히려 더 많은 이야기를 하는 것이 아니었을까?

제1시집 『술래의 노래』 발문跋文, 1976년 시문학사

그래프의 안과 밖

이외수

　나는 그가 시인인 줄 몰랐었다. 아니 내가 오래 전 병실에서 혼자 읽고 운 적이 있는「술래의 잠」을 쓴 바로 그 시인이라고는 전혀 생각지도 못했었다.
　그는 처가살이를 하고 있던 나를 김성동과 함께 찾아와서 현지 스케치를 취재했었다. 우리 셋은 지그재그로 인사를 하고 소양강 줄기의 어느 횟집에 들러 이스라엘 잉어를 안주로 술을 마신 적이 있었다.
　그것이 우리의 첫 만남이었다.
　그 후 그는 소설문학의 표지에다 내 흉악한 몰골을 싣자는 거였는데 나는 도무지 마음이 내키지 않았다. 그래서 그 문제를 일단 보류하고 나는 그와 함께 여관방에 들어앉아 술을 마시자고 제의했었던 걸로 기억된다.
　마지못해 대낮에 여관방에 들어앉아 술잔을 들고 있던 그의 모습을 나는 언제까지나 잊지 못할 것이다. 연약하고 부드러운 새의 깃털 하나를 뽑아서 슬쩍 한번 건드려보아도 그는 필시 맥없이 쓰러져버릴 것 같았었다.
　그런 분위기의 남자와 가지는 술자리가 신바람이 날 턱이 있겠는가.

그때부터 나는 되도록이면 그와는 술을 마시지 않기로 작정해버렸다. 그는 언제나 그런 분위기를 가지고 있었다. 술만 마시면 어찌나 피곤해 보이는지 마치 저 번잡한 서울이라는 도시가 그의 피와 기름과 수분을 모조리 착취해버리고 이제 젖어 있는 곳이라곤 눈시울 한 군데뿐이라는 생각까지 들 정도였다. 게다가 그는 남달리 크고 유순해보이는 눈을 가지고 있었으므로 술을 마시고 피로한 기색으로 앉아 있는 그의 모습을 보면 까닭도 없이 슬퍼지곤 했었다. 사무적인 일로건 개인적인 일로건 만나서 헤어질 때도 마찬가지였다. 매번 그의 뒷모습에서 짙은 고독의 그림자를 떨쳐버릴 수가 없었다. 그는 목말라하며 생활의 등짐을 지고 서울의 밤거리를 홀로 걷고 있는 한 마리 외로운 노새 같아 보였었다.

그러나 아니었다. 알고 보니 그는 철저하게 외로운 사내이기는 하지만 또 철저하게 집요한 일면을 가진 사내였다. 일단 그가 계획한 그래프 속에 들어가 있는 모든 일들은 절대로 그의 그래프 밖으로 빠져나갈 수가 없다는 것을 알았다. 정작 그는 세상에 패하는 척하면서 언제나 세상에 패하지는 않고 있었다.

특히 일본의 관리자 양성학교(일명 지옥학교)라는 데서 그야말로 지옥생활을 하는 것 같은 여러 가지 연수과정을 무사히 끝마치고 돌아왔을 때는 말문이 막혀 말이 다 안 나올 지경이었다. 한 줄로 표현하자면 나는 그를 잘못 알고 있었던 것이다.

차츰 그와 만나는 횟수가 늘어감에 따라 나는 그를 다시 바라보기 시작했는데 뭐라고 할까, 그는 대체로 인생이라는 것을 잘 터득해놓고 남보다 한 계단 위에서 아래를 내려다보며 바둑을 두고 있는 사내 같았다.

그는 아직까지 외형적으로는 지독한 외로움의 찌꺼기를 걷어내지 않은 모습을 가지고 있지만, 사실은 이미 '진흙 속에 핀 저 연꽃은 곱기도 하네, 세상이 다 흐려도 저 살 탓이지'라는, 정선아리랑의 한 대목이 가지고 있는 뜻 정도야 벌써 오래 전에 몸소 체험하여 가슴 안에 잘 간직해두고 있는 사내였던 것이다.

특히 내가 후일에 다시 그의 시들을 대하고부터는 더욱 그러한 생각이 짙어졌다. 그의 시는 아편이 아니면 독약이었다. 어느 것이든 읽으면 육체도 영혼도 취해서 혼곤해지는 듯한 느낌이었다. 그렇다. 알고 보니 그는 차갑게 타고 있는 사내였다. 먹고 살기 위해 세상 사람들과 섞여 있는 것같아 보이기는 했으나, 속으로는 음모를 꾸미듯 한 걸음 옆으로 비켜나서 세상 사람들을 바라보며 차갑게 타고 있는 그런 사내였다.

그래서 요즘 나는 그가 누구와 전화로 대화를 나눌 때 가끔씩 키들키들 묘하게 웃는 소리를 들으면 괜스레 켕기는 듯한 기분이 들곤 했었다. 필시 상대편의 음모 정도는 오래 전에 그가 다 파악해놓고 있을 거라는 짐작이 들었던 것이다. 그는 나보다 한결 고수이며 나보다 한결 겸손한 편이므로 되도록이면 내 쪽에서 잠놈끼를 거두어들여야겠는데 그게 아무래도 잘 안 된다. 따라서 이런 치기무쌍한 글나부랭이도 하등 그에게 도움이 되지는 못할 것이다.

  다만 나로서는 새로 만들어내는 그의 시집에 대해 진심으로 박수를 보낼 뿐이며, 시가 돈이 되지 않는다는 이유 하나로 이 세상 모든 시인들이 괄시를 받아야 하는 풍토에서 그래도 끝까지 시를 믿고 살아가는 그를 위해 그저 마음으로만 신뢰를 보낼 뿐이다.

  정말로 인간에게 영혼이라는 것이 있고 그래서 먼 훗날 우리가 지옥에서건 천당에서건 다시 만나면 거기서도 나는 그에게 여관방에 가서 술 한 잔을 함께 마시자고 말할 것이다. 만약 거기에 여관이 없고 술이 없다면, 그때는 필연적으로 그의 자작시를 낭송해달라고 부탁할 것이다. 그의 시는 충분히 술보다 독한 향기로 나를 만취케 할 것이므로.

제2시집 『방화放火』 발문跋文, 1983년 평민사

삶에 대한 진실한 대응
— 박석수의 시詩들

권영민

1

 첫 번째의 시집을 찢어버리고 나서 다시 시를 쓰기 시작했다는 시인 박석수의 얼굴에는 언제나 바람 같은 스산함이 서려 있다. 총기로 빛나는 그의 눈에만 불을 내뿜는 시선의 예리함이 숨겨져 있는데, 어눌한 그의 말솜씨 때문에 대부분의 사람들은 그 낌새를 놓쳐버린다. 「시詩 말고 나는 또 무엇으로 내 생애를 남길 수 있을 것인가」를 스스로에게 되물으면서, 다시 관습의 언어를 깨치기 시작한 그의 작업이 거친 쇠망치 소리처럼 들리는 것을 탓할 필요는 없다.
 시가 자기 자신을 감추면서 또한 자신을 끊임없이 드러내고자 하는 역설의 언어로 통한다는 사실을 우리는 잘 알고 있다. 감추는 것과 드러내는 것 사이의 엄청난 간격을 언어의 행간으로 이겨낸다는 일은 결코 간단하지 않다. 시인 박석수는 스스로 이렇게 다짐하고 있다.

 ①나의 宿命은
 떠도는 言語에

내 靈魂의 불을 붙여
荒凉한 人間의 心性에
옮겨놓는 일이다.

끝끝내 불타지 않는 가슴,
마음의 消火器를
스스로 준비한
오늘의 비겁한 가슴,
추위의 면도날이 지나간
헐벗은 모든 가슴에도

나는 내 精神이 깨지도록
부딪히고 또 부딪혀
마침내 治癒의 빛으로
우리나라의 모든 가슴 구석구석을
스며들리라.

—「나의 방화放火」

    자기 의식에 불을 당기고 그것을 언어에 옮기는 일이란 결국 시 그 자체임은 두말할 필요조차 없다. 그런데 '불'의 의미로 표상되는 시적 자아의 지향성이 시인 박석수의 경우, 아직은 자신의 내면으로만 고정되어 있는 듯한 느낌을 준다. 다시 말하면,

그것은 자신을 드러내는 작업으로만 통하고 있다는 말이다. 하지만 시적 자아의 확립이라는 측면에서 볼 때, 일단 자기 구명究明의 작업이 갖는 태도의 진지성을 시인 박석수는 착실하게 지탱하고 있는 셈이다.

「내 영혼靈魂의 불」은 시적 자아의 본질에 속한다. 자기 자신을 세우는 일이 물론 이에 선행되어야 한다. 그래야만 정서와 감동의 체계가 하나로 조화될 수 있을 것이다. 박석수는 「떠도는 언어言語」에 「불을 붙여」보고자 하는데, 그것은 자기 감정의 무분별한 표출이 아니라, 대상에 대한 인식의 의미까지 포괄할 수 있는 것임은 물론이다.

2

시에 있어서 일차적으로 중요한 것은 언제나 시적 자아인 '나'의 문제이다. 나라는 주체적인 입장이 제대로 서지 못할 때, 시가 지향하는 모든 정서와 감동의 체계는 분열될 수밖에 없다. 시는 주체를 확립함으로써 분명한 세계의 인식에 도달할 수 있으며, 세계에 대한 인식이라는 정신적 모험을 수행함으로써 보편성의 획득에 도달하게 된다.

주체의 확립이라는 것은 자기 감정의 무분별한 누설이 아니라 그 엄격한 정제 작업을 기반으로 한다. 박석수는 자기 삶의 과정을 시를 통해 형상화하고자 하는데, 거기에는 되돌아보는 여유보다 파헤쳐내는 아픔이 함께 하고 있다. 박석수의 언어는 칼날처럼 그의 잊혀진 추억 속을 후비고 있으며, 그 아픔의 깊은 구석에 「연무동 사신私信」으로 묶여진 어두운 그림자들이 깔려 있다.

"우리들의 변성기를 보냈던/ 연무동"으로 그 시대적 의미를 제한하고 있는 '연무동'에서의 삶은 소년 시절의 천진스러움으로 기억하고 싶은 아름다움이 있다. 가난을 고통인 줄 모르고 지냈던 그 시절의 기억들 속에는 무서움을 모르던 용기와 아름다움을 아름다움 하나로 믿었던 순수가 자리잡고 있다.

② 나의 길 곁엔
도랑물이 도랑도랑 울어쌓고
나는 쪼맨 노을을 싣고
종이배로 흘러가고 있었다

— 「하학下學길」

③ 상처가 상처를 물어 뜯는
二律音의 하늘
유리 가루를 묻힌 部會의 끈들이
누님의 恨,
그 가장 아픈 線에 닿으면
내 새는
피를 불며 떨어지고…

─「연鳶쌈」

④ 눈물로 햇살 몇 옹큼 차 올리면
하늘 깊숙히 퍼져가는 노래.

─「제기차기」

체험의 단편들을 찾아내어 자기 의식의 성곽을 쌓고 있는 박석수에게 '연무동'은 어머니의 품 안으로 인식된다. 모든 것을 체념하고 살았던 어머니의 삶의 한 부분을 감당해야만 했던 '나'는 자신의 순수를 지키면서 사물의 이치에 길들여진다. '도랑물'이 함께 울어주던 길 곁에서 '나는 종이배로 흘러가고' 그 가운데 홀로 지탱해야 하는 한 몫의 고통이 있음을 알지 못한다. '나'의 인식의 눈이 닿는 대로 사물이 '나'와 함께하는 순간을 맛보면서 '나'의 의식은 성장하지만 그러나 좌절이 그 앞을 언제나 가로막는다. '피를 불며 떨어지는' 내 의식의 '새'가 아픔으로 자리잡고, 어린 마음을 갈라놓던 가난이 그 속에 가로놓이게 된 것이다. 가난과 허기로 채워진 '연무동' 시절에는 늘 찌든 어머니의 모습이 그 가운데에 있지만, 나는 황폐와 붕괴의 땅에서 꿈을 버리지 않는다. 가난을 살면서도 가난으로 생각하지 않았던 마음의 온기가 '나'에게는 분명 자리잡고 있었던 것이다.

그러나 '연무동'의 모든 기억은 그 순간에 고착될 수만은 없는 한계를 갖고 있다. '눈물'도 '노래'로 여겨졌던 그 순진함은 삶의 현실이 용납하지 않고 있기 때문이다. 현실의 '나'와 그때 그 자리에 있던 '나' 사이의 엄청난 심정의 거리를 메꾸어줄 수 있는 것은 오직 시간이 있을 뿐, 그 시간의 거리를 잡아당기며 다시 붙잡아보는 '연무동'의 이야기에는 우수의 눈빛이 감춰져 있다.

3

'연무동' 시절에 이어지는 박석수의 또다른 체험은 사춘기를 넘어서면서 끝없이 계속되었던 자기 정서의 파탄과 연결되어 있다. '쑥고개'로 집약된 그의 정신적 혼란은 서정 자아의 문제만은 물론 아니다. 뒤틀린 현실의 상황이 그의 인식의 눈을 가리고 자신의 목소리를 억누르고 있는 것이다.

'쑥고개'는 잃어버린 순결로 그 의미가 집중되지만, 그것은 시인 박석수의 의식에 거부의 몸부림을 가르쳐준다.

면도자국이 시퍼런
하늘에서 아버지,
꿈에 그리던 당신의 얼굴을
확연히 볼 때까지

아무것도 안 봤던 걸루, 地上에서
끝내 나는 아무것도
들꽃과 가랑잎과 빗소리와

고비사막을 달려온 바람도

나는 끝끝내 만나지 않았던 걸루.

면도자국이 시퍼런

당신의 얼굴이

온통 노을로 물들어

서녘으로 기울 때까지.

—「기도-쑥고개 5」

「쑥고개」는 한 시대의 역사의 그림자로 남아 있게 될 상처에 속한다. 시인 박석수에게 그곳은 가장 커다란 개인적 정서의 충동으로 작용하고 있는 것처럼 보인다. 구두 발자국의 아픔도, 외롭고 쓸쓸한 술주정꾼도, 이제는 실의의 여인들에게 남아 있는 한숨으로 실려간다. 실패와 타락으로 요약되는 비애의 한가운데 남아 있는 것은 알파벳으로 얼룩진 거리의 간판들이다. 웃음을 팔고 '달러'를 화대로 받던 여인들을 시인 박석수는 우리의 '심청'이라고 부른다. 그런데 그 '심청'이들에게 이제는 눈먼 봉사로 빗대어야 할 아버지가 없다. '심청'이가 참으로 '심청'이가 될 수 있도록 하는 아버지가 존재하지 않는다. 부성父性의 부재, 이것이 어찌 '쑥고개'뿐이겠는가?

시인 박석수는 그러기에 '쑥고개'의 모든 것을 부정한다. 부재하는 '아버지'를 향해 '아무것도 안 봤던 걸루' 덮어두고 싶어한다. 그런데 이 부정의 몸부림은 결코 허세의 위장이 아니다. 기존의 현실에 대한 자신의 반응을 냉정하게 바로 잡으려는 노력과도 통한다.

자기 의식에 기억된 고뇌를 스스로 지워버리고자 하는 고통스런 노력 때문에, 청년기의 '쑥고개'는 침울하다. 거짓된 웃음과 무지와 완고로 말미암아 생긴 타락이 결코 누구의 책임인지를 묻지 않고 있는 것은 탓할 일이 못된다. 거기서 보았던 그 환혹幻惑의 장면들을 냉소적으로만 대할 수 없는 것은, 어쩌면 시인 박석수가 지니고 있는 뜨거운 가슴 때문인지도 모른다.

「쑥고개」는 '연무동'의 체험에 똑같은 의식의 끈을 대고 있지 않다. 「쑥고개」에 깊이 스며들어 있는 비극은 나의 내면에서 연유된 것이 아니라 그 자체가 지니고 있는 붕괴와 직결된다. 그러기에 '연무동'에서 키웠던 꿈은 벽에 부딪치고, 대신에 비정의 현실에 대응할 새로운 생명력이 커나오길 기다리게 되는 것이다. 결국 시인 박석수는 자신의 과거 체험 속에서 좌절된 꿈과 거기서 벗어나는 몸부림을 함께 찾아내고 있다. 그리고 그것이 바로 그의 시적 작용의 가장 핵심적인 부분을 이룬다. 자기를 확인하는 그의 언어들에는 신랄함이 눈에 띄게 나타나고 있으나, 그 바닥의 애수감을 감출 수가 없다. 이것은 자칫 정서적 표현의 미숙성처럼 보일 수 있고, 언어와 감정의 불균형으로 여겨질 수 있다. 물론 지금 이곳에 있는 경험적 자아와 그때 그곳에 있었던 '나'와의 사이에 심연이 상당한 시간적 간격 위에 가로놓인 것이라는 점을 간과해서는 안 된다.

4

어느 때에나 시의 승리를 구가할 수 있을지는 아무도 알지 못한다. 시인 박석수는 다만 시가 허위에 대한 비판의 소리를 담아야 할 것을 믿고 있을 뿐이다. 자신의 삶에 대해 진실한 대응의 자세를 잃지 않으려고 노력하는 그의 성실성은 일단 '연무동'과 '쑥고개'의 체험을 시적으로 형상화하는 과정 속에서 확인된 셈이다. '연무동'이 '나'의 의식 깊숙이 '가난' 속에서 키워나갈 '꿈'을 심어주었다면, '쑥고개'는 그 '꿈'이 깨어지는 아픔의 단계에 해당된다.

그러나 그것은 '나'의 성장을 의미한다. '나'의 의식이 더 이상 허기진 발걸음으로 무지개를 쫓던 '연무동'의 골목길에 서성거리지 않게 된 것은 '쑥고개'의 광기를 겪었기 때문이다.

그동안 나는 무엇을 했는가 몰라.
서울의 引力에
질질 끌려다니면서.
양복 맞춰 입듯
내 몸에 맞는 적당한 허세와
웃음과 비굴함과 그리고 또
이웃에 대한 무관심만을

어느덧 나는 내 것으로
맞춰 갖게 되었고나

사무실에서 화장실 거울 속에서
다방에서 엘리베이터 안에서
흔들리는 잠실의 14번이나
68번 통근 버스 안에서
이제 내 그 추한 모습이 또렷이 보여
찢고 싶은,
오, 시든 꽃잎 같은 일상
서울에 와서 맞닥뜨린
誤字투성이인 서른넷의 내 생애.

―「서울에 와서 Ⅱ」

  청년기를 넘어선 나이에 다시 자신에게 되묻는 존재의 확인 방식은, 이 시의 경우 자조적自嘲的이기조차 하다. '연무동'도 '쑥고개'도 아닌 '서울'에서의 삶은 시적 자아에게 끊임없이 일상성만을 강요한다. '나'를 '나'에게 맞춰나갈 수 있도록 하는 것이 아니라, '나'를 서울의 틀에 맞춰야 한다. '시든 꽃잎'과 '誤字투성이'로 인식된 '나'의 존재는 스스로 '찢고 싶은' 충동과 증오의 대상이 되기도 한다. '연무동'에서의 순수한 꿈도, '쑥고개'에서의 열정도 없어진 '서울'의 생활에서 '나'는 끊임없이 정신의 마비현상을 겪게 되는 것이다. 그러므로 '나'는 의식의 눈을 뜨기 위해 '수정修正칼'로 '나'의 언어를 바로잡는다. 모든 사람의 잠자는 정신을 자극하기도 한다.

시를 쓴다는 작업은 결국 깨어 있기 위한 노력이다. 자신이 깨어 있을 때 삶의 현실은 허망한 환시幻視가 아니라 산문의 현실로 읽혀진다. 자신의 존재도 그 언어의 행간 위에 바닥이 분명히 드러난다. 시인 박석수는 '연무동'과 '쑥고개'와 '서울'로 이어지는 자기 삶을 거침없이 그의 언어로 찍어내놓고 있다.

이제 문제는 시인 박석수의 내면에 앙금처럼 가라앉아 있는 자의식의 찌꺼기를 어떻게 떨쳐버리느냐 하는 것이다. 자신을 응시했던 시선을 더욱 냉혹하게 삶의 현실로 돌릴 수 있는 힘도 필요하다. 이러한 과정은 지금까지 겪었던 어떤 어려움보다 더 큰 고통이 수반될 것이다. 진정한 시적 자아의 확립은 이 고통의 순간을 넘어서는 자리에서 가능할 것이다. 바로 거기서 시의 울림에 삶을 포괄하는 힘과 그것을 초월하는 정신이 함께할 것이며, 시의 시다움이 살아나게 될 것이다.

제2시집 『방화放火』 발문跋文, 1983년 평민사

절망의 늪에서 간구하는 상상력 사냥

이윤택/ 시인, 문학평론가

한 편의 투명한 서정시가 그리운 세상이다. 온실에 따뜻하게 데워진 유리알 유희가 아니라, 북풍에 귀 세운 칼바람 서정이 아니라, 검은 억새풀의 외침이 아니라, 황폐한 우리의 가슴 한가운데 발갛게 불 지피는 숯불 같은 서정, 끝없이 투명한 눈물이 그리운 세상이다. 이 작고 위대한 서정은 엄청난 절망의 무게로 다져진 검은 산에서 솟아오른다. 온갖 고통과 번민의 잡목들로 헝클어진 황야에서 비로소 눈뜨는 이슬이다. 거칠고 너덜난 삶 행위, 의식들의 난장판을 직설적으로 대응하지 않고 거칢과 너덜남 자체를 고스란히 접수하고 삭이면서 기어코 터뜨리는 직관의 화살이다. 박석수는 이런 삶의 정수를 반딧불 이미지로 자주 드러내고 있다. 반딧불, 그런 것 같다. 박석수의 시집 원고를 일독하면서 분명한 빛으로 응축되고 있는 삶의 경이는 바로 이런 작고 단단한 서정임을 확인한다.

박석수가 그의 시적 역량 전부를 털어넣으면서 구축하려고 한 쑥고개 이미지는 무엇인가. 쑥고개는 박석수의 시적, 혹은 구체적 삶의 장으로서의 고향인 것 같다. 이 쑥고개는 본래적 전원풍경으로서의 농촌이었으나 전쟁이 '쑥밭으로 만든' 기지촌이다.

> 고향에 가면
> 〈고향의 봄〉을 함께 부르던
> 어릴 적 동무들은
> 다들 우울한 소문 속에 갇혀 있네.
> 미군에게 세 번 소박맞고
> 다시 미군홀에서
> 퇴역으로 눈치밥 먹고 있다는 정순이,
> 양계장하다 망한 해병대 출신
> 털보는 진일이와 함께 요즘
> K55 비행장에 노가다로 나가고 있고,
> 목천에서 농사짓던
> 영농후계자 금영이는
> 새파랗게 젊은 처자식을 남겨두고
> 허망하게 죽었는데,
> 무명의 조각가 조순조는
> 집도 없이 직장도 없이 이 악물고
> 조각칼로 자신의 살점 후비듯
> 쑥고개의 어둠을 파내고 있는데,
> (중략)

―「조각칼-쑥고개 38」에서

이 기지촌으로서의 쑥고개는 미군에게 소박맞으며 눈치밥 신세를 면치 못하고 있는 정순이적 삶, 외세에 의한 민족 내 분단의 꼭두각시였다가 역시 힘의 논리가 지배하는 군용 비행장의 노동자로 전락한 해병대 출신의 털보적 삶, 관 주도 영농정책에 희망을 걸고 살던 금영이적 삶의 비극을 안고 있다. 이 척박한 쑥고개는 '한반도의 어둠을 몽땅 실어다 부려놓은 마을'이며, '항시 함박눈을 펑펑 쏟아줄지도 모를 그런 표정으로 어둠만을 짓씹고' 있는 풍경이다. 이 쑥고개 풍경 속의 삶은 양갈보 이미지로서의 누이, 개보초를 서는 미군부대 철조망지기로서의 돼지형 이미지로 크게 두드러진다. 누이의 이미지는 자연스럽게 심청으로 이어지고, '알파벳이 수없이 섞여 씌어진 거리의 간판과 가로의 불안한 냄새' 밑에서 퉁구스족의 남근은 '양키들의 구두를 닦다가 훔치다가' 절망의 틀에 떨어진다. '경기도평택군송탄읍지산리805번지'로 현실적 체감을 지니고 있는 이 쑥고개는 그 생생한 현실감과 아울러 지금 이곳 우리의 반도적 삶이라는 드넓은 함축적 의미망을 획득함으로써 박석수의 서정이 단순한 개인사적 관념으로 제한되지 않게 한다. 이 점에서 박석수는 일단 상당히 넉넉한 역사의 언덕을 확보한 셈이다. 박석수가 쑥고개 이미지를 40편의 연작시로 연결시킬 수 있었고 회심의 장시로 구축할 수 있었던 것도 이런 '비밀 언덕'이 컸기 때문이리라.

그러나 박석수의 연작시와 장시는 80년대 시의 산문화 내지 장형화 현상과는 구별되는 방법론이다. 시의 서술적 구성에의 경사, 그리고 서사적 스케일의 확보 의지와 다른 시각에서 박석수의 시는 접근되어야 한다. 필자는 이를 절망의 늪에서 간구하는 상상력 사냥이란 말로 표현하고 싶다. 박석수는 자신과 이웃을 싸고 있는 쑥고개의 척박한 기억에 '이미지의 누공'을 뚫는다. 여기서 박석수가 기대하는 것은 척박한 삶 자체가 아니라, 척박한 삶의 쓰레기더미에서 눈부시게 솟아오르는 '직관의 맥류' 바로 그것이다. 이 점에서 박석수의 쑥고개는 김명인의 「동두천」과 구별되고 여타의 1970년대 이후 기지촌 소재 민중시와 구별된다. 여기서 박석수의 특유한 서정이 창출된다. 박석수의 서정은 '자신의 살점을 후비'는 '조각칼' 감수성이다.

> 나의 고통을/ 고통이게 해주세요/ 나의 울음을/ 울음이게 해주세요/ 정신차리게/ 나의 환부를 보고 싶어요/ 정신차리고/ 나의 인생을 살고 싶어요/ 팔을 잘라내고/ 심장을 도려내고/ 눈깔을 뽑아가도/ 끝내/ 아픔을 모르는/ 마취는 견딜 수 없어요/ 마취사여/ 마취사여/ 당신은 우리 아버지가 소작하던/ 땅의 임자처럼/ 나를 꼼짝 못하게 하고/ 나를 상황으로부터 잠재우고/ 나의 정신을 낭자한 모국어의/ 핏속으로 몰아넣지만/ 지금은/ 바람마저 마취당한/ 겨울, 겨울이야요/ 갈라진 우리의 가슴에/ 서정이 증발한 함박눈이 내리고 있어요
> ―장시 「쑥고개-암실시사회」에서

장시 「쑥고개」의 깨어 있는 서정성을 명료하게 보여주는 위와 같은 언어는 박석수 스스로 '1인의 개성을, 1인의 눈물을, 1인의 한을, 1인의 암실'을 거쳐 획득한 '완전한 내 것'이라고 장담할 수 있는 에스프리라고 인정한다. 이러한 박석수의 감수성은 시집 원고 곳곳에서 삶과 언어의 눈부신 교합 장면으로 돋보인다. '슬픈 더듬이를 흔들며/ 아름다운 모국어로 아름다운/ 사랑을 노래한 시'로서의 박석수 작품은 '하나 남은 피리어드를 지키는/ 잠들지 못하는 자' '청진기'(「비가 1」)이며, '한 사람의 전 생애가/ 시대의 실험관 속에서/ 무너지는/ 외로운 반응'으로서의 '리트머스 시험지'(「비가 2」)이며, '끝끝내 참혹한 신기루'로서의 '한 컷의 필름'(「비가 3」) 같은 미학성을 보유하고 있다.

　박석수에게 최고의 언어미학은 '예감이 닿고, 주검이 닿는' '보류해둔/ 1행의 호흡'(「불침범」)일 것이다. 이런 박석수의 놀라운 언어감각은 '누이의 눈물-피-십자가에 못박힌 한반도의 가장 참혹한 노을'(「노을」) 식으로 대사회적 의미망으로 엮어진다. 그러나 박석수의 대사회적 응전양식은 단순하고 피상적인 결함 또한 노출된다. 슬픔과 분노의 에너지가 평이한 영탄과 넋두리의 리듬에 지나치게 의존함으로써 박석수 특유의 감수성이 팽팽한 긴장을 유지하지 못하고 전개 도중에서 느슨해져버리고 마는 경우가 상당히 눈에 뜨인다. 군더더기 없이 달리고 끊고 맺는 구문의 탄력성과 속도 감각이 박석수의 플래스코 푸른 불꽃 같은 이미지에 첨가된다면… 그는 진정 '세기말의 명사수', 그리고

'더 이상 고백할 것이 없는' 시작업詩作業의 끝을 보리라 믿는다. 여기 또 한 사람의 랭보가 살고 있다는 것, 이미 한물간 청춘으로서의 늙수레한 랭보지만, 바로 이 박석수적 감성이야말로 우리들 삶이 늙고 느슨해질수록 귀중한 삶의 식량이 됨을 느낀다. 이제 형兄을 좀 알 것 같다.

제3시집 『쑥고개』 발문, 1987년 문학사상

한미 관계와 소외의 문제

이동하

　박석수의 작품세계는 크게 보아 두 개의 계열체로 나뉘어질 수 있는 것으로 생각된다. 그 하나는 쑥고개, 즉 오늘의 송탄을 배경으로 한 작품군이요, 다른 하나는 주로 도시 월급생활자들을 등장시켜 문명 비판적인 시각을 펼쳐본 작품군이다. 아마도 작가. 자신의 이력과 긴밀한 관계를 맺고 있는 것으로 짐작되는 이 두 가지 작품 공간은 그러나 단순히 작가 개인의 삶(그것이 실제적 삶이든 상상적 삶이든)을 반영하는 것으로 그치지 않고 우리 시대의 한국 사회가 안고 있는 가장 심각한 문제들 가운데 일부를 과감하게 탐구해 들어간 것으로서 보편적 의의를 획득하고 있다.

　우선 '쑥고개 1, 2'라는 부제를 달고 있는 「철조망 속 휘파람」과 「외로운 증언」을 살펴보자. 이 연작은 미군부대를 지키는 한국인 경비원이 의문의 피살을 당하는 데서 시작되어 그 범인의 정체가 밝혀지는 데에서 끝나고 있다. 그러니까 얼른 보면 추리소설적인 흥미를 기대해볼 수도 있는 내용이다. 하지만 작가는 그러한 흥미에 초점을 맞추는 것을 처음부터 포기하고, 그 대신 이 사건의 배후에 깔려 있는 심층적인 의미를 파헤치는 데에 주안

점을 둔다. 그 심층적 의미란 간단히 말하자면 기지촌의 미군과 한국인들 간의 관계로 상징되는 우리 시대 역사의 한 비극적인 단면이다.

귀국을 눈앞에 두고 있는 미군 병사 스미스는 그가 그동안 불법적으로 취득해온 재산을 고스란히 갖고 가기 위해 기지촌에서 가장 힘이 센 두 한국인을 맞싸우게 만들고, 자신의 양자로 삼았던 한국인 하우스보이까지도 속인다. 그의 책략은 멋지게 성공하여 두 명의 한국인은 모두 죽음을 당하며, 하우스보이는 물거품이 되어버린 꿈을 되씹으며 한국 땅에 홀로 버려진다. 각자 자기 나름의 야심과 욕망을 갖고 뛰어들었던 게임에서 스미스 홀로 승자가 된 것이다. 비록 그 역시 난투의 현장에서 상당한 부상을 입기는 했지만 아예 목숨을 잃어버린 사람들의 운명과 비교하면 그 정도야 아무것도 아니지 않겠는가? 뿐만 아니라 그의 계략으로 빚어진 사건은 당사자들 간의 문제라는 차원을 벗어나 더 큰 결과까지 낳게 되니, 그것은 바로 미군부대에 경비원으로 근무하던 한국인 전원이 해고된 것이었다.

이러한 이야기는 앞에서도 언급했듯 분명한 상징적 의의를 지니고 있다. 작가는 이 조그마한 비극을 통하여 우리 시대의 의미를 질문하고 있는 것이다.

경비원으로 일하다가 죽은 '돼지형'의 부친, 즉 작중 화자(선구)의 할아버지가 일찍이 어떤 연유로 세상을 떠났던가 하는 점을 살펴보면 그 상징적 의의가 더욱 커지고 다면화되는 것을 느낄 수 있다. 그는 누대에 걸쳐 살아온 고향 땅이 보상금 한 푼 없이 미군 비행장 부지로 징발당함으로써 속절없이 추방자 신세가 된 것이 한이 되어 화병으로 죽어갔던 것이다. 이런 죽음을 맞이했던 사람의 아들이 이번에는 미군부대를 경비하는 데 열성을 다하다가 미군 병사의 교묘한 농간에 말려들어 허무한 최후를 마치게 된다는 것은 얼마나 통렬한 아이러니인가.

한 집안의 2대에 걸친 이와 같은 비극은 자칫하면 패배적인 허무주의를 낳게 될 수도 있으리라. 그러나 작가는 '돼지형'의 아들인 선구를 작중 화자로 설정하면서 그에게 소박한 선의 혹은 휴머니티의 옷을 입힘으로써 이 어두운 이야기의 공간에 한 줄기 빛의 통로를 마련하고 있다. 자기 아버지의 피살을 비록 의도적이지는 않았지만 어쨌든 방조했고, 범인인 스미스의 도주를 가능케 한 인물인 쪽배를 안전한 곳으로 빼돌려주는 그의 모습으로 이 연작이 마무리되고 있다는 사실은 작가의 궁극적인 지향점이 어디에 있는가를 암시해주는 것으로서 매우 뜻깊다고 할 것이다.

물론 이러한 선구식의 휴머니티가 현실의 공간에서 실제로 얼마만한 힘을 발휘할 수 있을 것인가에 관해서는 섣불리 낙관할 수만은 없다. 할아버지와 아버지의 2대에 걸친 비극을 진정으로 극복할 수 있기에는 그것은 아직 너무 미약하지 않은가 하는 생각을 해볼 수 있는 것도 사실이다. 하지만 선구가 아직 어린 소년이라는 사실은 한편으로는 그의 현실적인 힘을 지극히 미약한 것으로 한정시키는 기능을 수행하면서, 다른 한편으로는 그의 미래에 좀 더 많은 기대를 걸도록 만들기도 하는 이중적 면모를 갖는다. 그리고 우리는 이 중에서 후자의 측면에 더 큰 비중을 부여해도 별 다른 잘못이 없으리라는 생각이 드는 것이다.

'쑥고개'를 배경으로 삼고 있는 또 하나의 작품 「동거인」은 여러 가지 점에서 앞서 살펴본 연작과 공통되는 면을 지니고 있다. 이를테면 주인공 화자의 집안이 미군기지로 땅이 징발되는 바람에 원래 살던 곳으로부터 억울하게 추방당해야 했다는 점, 할아버지가 그것 때문에 울화통이 터져 세상을 떠났다는 점, 집안에 행방불명되어 돌아오지 않는 남자가 있다는 점 등이 모두 같다. 이런 사실로 보아 이들 두 작품은 서로 자매 편의 관계에 놓인다고 결론지어도 좋을 듯싶거니와, 날카로운 현실비판적 시각이 작품 전편을 관류하고 있다는 점에서도 이들은 역시 동궤에 위치한다.

「동거인」에서 현실비판적 안목은 미군부대 주변의 술집에서 일하는 여자들이 갖고 있는 어처구니없는 위계의식을 언급하는 대목이라든지 6·25 당시 송탄이 미군의 오폭으로 쑥대밭이 되고도 전혀 보상을 받지 못한 사실을 이야기하는 대목 같은 데에서 약여하게 드러난다. 그리고 작품의 진행에 중요한 영향을 미치는 미영과 토니와의 관계에 대한 이야기 역시 이와 동일한 맥락에서 파악될 수 있다. 앞서 「철조망 속 휘파람」과 「외로운 증언」에서 진지하게 제기되었던 한국과 미국과의 관계에 대한 물음이 이 작품에서도 강렬한 톤으로 제기되고 있음을 우리는 이로부터 확인할 수 있는 것이다.

이처럼 작가가 미국의 문제를 집요하게 따지고 있는 것은 앞에서도 말했듯, 일차적으로는 그 자신의 체험에 바탕을 둔 것이겠지만 더 나아가서 생각해보면 우리 시대의 가장 중요하고도 민감한 테마 가운데 하나를 건드린 것이라고 하지 않을 수 없다. 사실 한국과 미국의 관계는 브루스 커밍즈의 연구가 잘 보여주고 있듯 해방 직후의 출발 단계에서부터 심각한 부조리와 왜곡을 포함하고 있었던 것이지만 그것이 공식적으로 검토되고 논의될 수 있게 된 것은 최근에 이르러서이며, 그런 만큼 아직도 제대로 이야기되지 못한 부분이 숱한 상태에 있다. 이러한 현실은 미국을 위해서도 바람직하지 않을 것이다. 그러므로 우리는 지금 최소한 인식의 차원에서만이라도 부조리의 바탕을 재조명하고 왜곡을 들춰내어 진실에 기초한 만남을 회복하기 위한 정신의 탐험을 서둘러야 한다.

이와 같은 정신의 탐험에 있어 문학이 기여할 수 있는 몫이 얼마나 큰가 하는 것은 새삼 말할 나위도 없다. 문학은 스스로를 허구의 베일로 둘러침으로써 역설적으로 진실을 탐색하는 막강한 무기를 손에 쥐게 되는 희한한 존재이니만큼 이 세상에서 부조리와 왜곡이 존재하는 곳이라면 어디든 제일 먼저 뛰어가도 좋을 자격을 십분 갖추고 있거니와 한미 간의 관계에 얽힌 문제라는 것도 여기에서 예외가 될 수는 없는 것이다. 박석수는 이러한 각도에서 볼 때 우리 시대의 문학에 특별히 주어진 과제 가운데 일부를 앞장서서 수행하고 있는 존재로 평가되어 무방하리라고 여겨진다.

그러나 「동거인」이 담고 있는 의미는 지금까지 이야기한 바와 같은 것만으로 한정되지 아니한다. 다시 말하자면 한국에 있어서의 미국의 의미를 질문하는 것만으로 끝나지 아니한다는 말이다. 이것과 나란히 「동거인」은 작품 속에서 압도적인 비중을 갖고 등장하는 주인공 화자의 아버지를 통해 여러 가지 문제를 우리 앞에 던지고 있는 것이다.

이 소설에 등장하는 아버지는 참으로 개성적인 인물이다. 그는 앞에서 언급한 것처럼 미군기지로 땅이 징발당함에 따라 거지나 다름없는 신세로 전락하며 자신의 부친이 얼마 안 가 죽는 비운까지 당하게 되지만 거기에 굴하지 않고 피나는 노력을 거듭한 끝에 어느 정도의 성공을 이룩한다. 그는 무엇을 해서 성공했던가? 바로 콩나물장사였다. 미군부대가 들어서던 무렵부터 움막을 짓고 콩나물을 길러 팔기 시작한 것이 이제는 어언 30년이 지나 움막이 공장으로 바뀔 정도가 된 것이다.

그런데 그는 힘든 콩나물장사를 하면서 '땀 흘리지 않고 버는 돈은 가치가 없다'라는 신조를 확립한다. 그리하여 예컨대 그는 모터를 한 대 사면 엄청난 양의 노동을 절약할 수 있는데도 불구하고 끝까지 모터를 쓰지 않고 힘든 펌프질을 해서 콩나물에

물을 주는 재래식 방법을 고집한다. 그것은 모터를 사는데 드는 돈이 아까워서가 아니라 정성어린 땀으로 키운 콩나물이 되게 하려면 힘든 노동을 반드시 거쳐야 한다는 논리에서였다.

이와 같은 아버지의 모습은 이른바 교환가치보다는 사용가치에 대해 강력한 집착을 보이는 태도이며, 따라서 다분히 전근대적인 미덕을 고수하는 자세라고 할 수 있다. 그리고 교환가치에 대한 일반적인 편애가 현대의 이른바 인간소외 현상과 긴밀한 연관을 맺고 있다고 하는 사회학자들의 이론을 승인한다면, 아버지의 자세는 소외에 저항하는 인간성 옹호의 태도라고 평가될 소지도 있다 하겠다.

하지만 아버지의 태도에 대한 우리의 논의가 이 정도에서 그치고 만다면 그것은 사실을 지나치게 단순화한 것이라는 비판을 피하기 어려울 것이다. 왜냐하면 아버지는 가족들이 그러한 자신의 가치관에 그대로 동의하지 않는다는 사태에 직면해서 철저한 독재자의 면모를 드러내고 있기 때문이다. 이는 소외에 저항하는 인간성 옹호의 태도라는 말과 조화되기 어려운 자세가 아닐 수 없다. 그러나 여기서 반드시 아버지의 태도에는 모순이 깃들여 있다는 식의 결론을 이끌어낼 필요는 없으리라. 앞에서 말했듯 아버지의 태도가 다분히 전근대적인 성향을 갖고 있는 것이라 할 때 가부장적인 권위를 내세우며 가족 구성원들의 반발을 꺾고 자신의 명령을 밀고 나가는 그의 모습은 그대로 전근대적인 부친상의 재판이라고 평가될 수 있기 때문이다.

결국「동거인」에 나오는 아버지는 다분히 복합적인 의미를 부여받을 수 있는 그러면서 분명히 뚜렷한 개성으로 생동하는 인간상이다.

이러한 아버지 앞에서 주인공 화자는 결국 화해점을 찾지 못하고 군에서 제대하여 돌아온 지 불과 엿새 만에 다시 집을 떠나게 된다. 여기에서 우리는 문학의 영원한 주제 가운데 하나인 세대 간의 갈등 내지 대립이라는 모티브가 한번 더 인상적으로 변주되고 있는 모습을 보게 되거니와, 여기에서 아들이 아버지에게 맞서면서 자신의 논리를 내세우는 것은 바로 우리가「철조망 속 휘파람」연작에서 보았던 바와 같은 소박한 휴머니즘이다.「철조망…」연작에서 주인공 선구가 쪽배를 몰래 보내주었던 것처럼,「동거인」의 주인공은 아버지와 사업상의 경쟁관계에 있는 황씨네가 절박한 곤경에 직면한 것을 보고 아버지 몰래 그들을 돕는다. 이러한 주인공들의 행동은 결코 영웅적인 것도 아니고 화려한 것도 아니며 그보다는 차라리 수줍고 소심한 편에 가까운 것이지만 이네들의 이러한 숨은 선행이야말로 세계의 거대한 악에 맞서 인간을 지키는 보루가 된다고 작가는 생각하고 있는 듯하다.

지금까지 우리는 박석수의 작품세계를 구성하고 있는 두 개의 계열체 가운데 첫 번째에 속하는 작품들을 고찰해온 셈이다. 이 작품들을 군이 이름 붙이자면 '쑥고개 소설'이라고 명명할 수도 있으리라고 여겨지는 바, 이들은 박석수가 확보하고 있는 대단히 개성적인 체험의 공간에서 우러난 산물로서 우리 시대의 어떤 다른 작가도 갖지 못한 고유성을 확보하고 있는 셈이다. 작가 자신도 이 점을 잘 알고 있기에 이 계열의 작품군을 쓰는 데에 특히 전력투구의 자세로 임했다는 느낌이 짙다. 중편 혹은 연작이라는 비교적 큰 규모를 부여한 것부터가 그러한 자세를 입증해주는 징표라고 할 수 있을 것이다.

여기에 비하면 박석수의 두 번째 작품군은 역시 그의 체험 공간과 관련을 맺고 있다손치더라도 좀 더 일반성이 강한 것이라고 할 수 있을 것이다. 즉 작가 자신의 개성을 주장하기 어려운 세계인 것이다. 어떻게 생각하면 산업사회 속에서 중산층의 월급생활자들이 겪는 소외의 체험이라는 것은 오늘날 가장 널리 애용되는 주제의 하나일 수도 있는 것이다. 물론 현대에서의 사회생활 자체가 이러한 소외의 체험을 다수의 사람들에게 피할 수 없는 하나의 인간 조건으로 강요하고 있는 셈이며 따라서 시대의 증인이요, 동시에 인간의 옹호자로 자임하는 작가들이 서로 다투어 이 주제에 도전하게 되는 것은 당연한 귀결이라고 말할 수도 있다.

그러나 이처럼 많은 작가들이 비슷한 테마와 씨름하게 된다는 것은 막상 그 테마에 도전하는 작가 개개인에게는 상당한 심리적 부담으로 다가오게 되는 것이 틀림 없을게다. 보편성을 잃지 않으면서도 돋보이는 작품을 써야 한다는 피할 수 없는 요청 앞에서 야심을 지닌 작가라면 긴장을 느끼게 됨이 당연한 것이다. 그리고 이러한 긴장은 작가들마다의 다양한 전략을 낳게 만드는 것이 필연적 귀결이리라. 박석수의 경우, 그가 즐겨 채택하고 있는 전략은 우화적인 기법의 활용인 것으로 보인다. 그것은 흔히 독자에게 강렬한 인상을 주기 위한 과장을 동반한다. 「신라의 달밤」이나 「거울」에서 묘사되고 있는 심리적 이상은 그 좋은 보기이다. 물론 그러한 심리적 이상으로 고통받는 월급생활자들이 이 사회에 없는 것은 아니겠으나 이들 소설이 중점적으로 노린 바는 분명 사회적 현실의 있는 그대로의 반영이라기보다는 독자에게 메시지를 강렬하게 전달하기 위한 테크닉으로서의 우화적 형상화라고 보아지는 것이다.

박석수의 이와 같은 우화적 테크닉에의 경사는, 「우렁이와 거머리」에서는 제목이 말해주고 있는 바 그대로 우렁이와 거머리의 싸움을 통해 인간 사회에서의 선과 악의 투쟁을 상징화하는 기법으로 나타난다. 생명을 빼앗으려 달려드는 거머리를 맞이하여 필사적인 투쟁을 전개하는 큰우렁이의 모습은 이윤동기의 더 큰 충족을 위해서는 눈 하나 깜짝하지 않고 무력한 인간들을 파괴시켜버리는 현대 사회의 부조리에 저항하여 필사적인 싸움을 벌이는 작중 인물들의 모습과 아주 닮았다. 작가는 바로 이처럼 서로 닮은 두 가지 싸움의 이야기를 병치시킴으로써 자신이 전달하고자 하는 메시지에 좀더 인상적인 스타일을 부여하고 동시에 더 큰 보편성을 주고자 한 듯이 보인다.

「우렁이와 거머리」의 경우, 이러한 방법으로 작품을 전개한 끝에 작가가 궁극적으로 기대의 눈길을 던지는 곳은 우리가 앞서 「쑥고개」 연작이나 「동거인」에서 보았던 바와 마찬가지로 소박한 휴머니티의 세계이다. 스캔들에 희생된 영화배우 안미숙이 주인공 화자와 맺어진다는 결말은 그 점을 분명하게 보여준다. 이러한 측면에 주목한다면 박석수의 작품세계를 구성하고 있는 두 개의 계열체는 서로 상이한 소재를 다루고 있음에도 불구하고 작가의식이라는 점에서는 분명히 뚜렷한 일관성을 드러내준다고 판단하여 무방할 것이다.

두 개의 계열체를 하나로 이어주는 끈은 이밖에도 여러 가지가 있다. 그중 하나만 지적한다면, 그의 대부분의 작품이 일인칭 주인공 화법을 고집하고 있다는 점을 들 수 있을 것이다. 이것은 그의 소설들이 작가 자신의 체험과 직접적으로든 간접적으로든 연결되어 있는 경우가 대부분이라는 사실과 무관하지 않은 것으로 이해할 수 있으나 그것이 너무 변함없이 사용되다 보니까 다소 단조로운 느낌을 가져다주는 것도 사실이다.

이제 우리는 박석수가 좀 더 크고 원숙한 작가로 올라서기 위하여 반드시 부딪쳐야 할 문제 한 가지를 제시해두는 것으로써 이 글을 마치고자 한다. 그것은 그가 즐겨 다루고 있는 두 가지 주제 즉 한미관계의 실상에 관한 탐구와 현대 사회에 있어서의 소외의 천착이라는 것이 과연 황씨네의 콩나물을 사주고 안미숙과 결혼하는 등의 소박한 인정주의적 행동으로 작중 인물들을 끌고감으로써 해결될 수 있을 것이냐 하는 문제이다. 좀 더 끈질긴 구조적 탐색과 좀 더 냉정한 현실이해, 그리고 좀 더 거시적인 안목의 정립이 필요한 것은 아닐까? 이것은 그가 일인칭 주인공 화법 일변도의 창작방법에서 탈피하여 좀 더 다양한 스타일을 개척하는 것이 바람직하다는 사실과도 관련을 맺고 있을 것이다.

소설집 『철조망 속 휘파람』 1988년 한겨레

빼앗기와 빼앗기기

임헌영

박석수의 「우렁이와 거머리」(『한국문학』 7월호)는 우리 사회가 지닌 두 가지 형태의 삶의 모습을 재미있게 형상화시켜주고 있다. 이야기는 두 가지 흐름으로 엮어진다. 어항 속에 있는 우렁이의 피를 빨아먹는 거머리 이야기와 실직자로 아내에 얹혀살면서 빈둥대는 주인공의 모습이 겹쳐지면서 결국 인간은 누군가로부터 빼앗거나 빼앗기면서 살아갈 수밖에 없다는 쪽으로 이어진다.

이름난 육체파 여배우인 안미숙은 그런 여인이 늘상 그렇듯이 국제적인 로비스트에다 미남인 이동수와 한때 동거까지 한 과거를 숨긴 채(물론 이동수가 여인을 버린 쪽이다) 명배우로 이름을 떨친다. 그러나 어느 날 외상 옷값을 받으러 온 아주머니를 구타한 사건으로 명예를 실추하는 곤경에 빠진다. 여성지 기자였던 주인공은 그 진상을 취재하다가 상상 이상의 흑막을 발견한다. 안미숙은 모종의 권력층이 내린 부탁을 거절했고, 그로 인하여 낯선 청년들로부터 한밤중에 구타를 당한 후 문제의 외상 옷값 사건이 생긴다. 이미 대금을 다 치른 옷값을 내라는 억지에 실랑이가 벌어진 틈에 어느새 각본대로 경찰이 들이닥

친다. 옷값 받으러 온 아주머니가 스스로 자신의 옷을 찢어 폭행당한 것으로 위장해버려 안미숙은 영락없이 파렴치범으로 몰린다.

주인공은 그 진실을 쓰기로 약속하고 취재했으나 집필자의 의도와는 관계없이 사생활을 폭로하는 엽기적인 글로 고쳐져 발표된다. 마침 그녀는 꼽추인 여동생까지 남자로부터 버림받아 죽게 되는 곤경 속에서 모든 것을 포기해야만 할 위기로 몰린다. 주인공 역시 거짓글만 쓰는 직업에서 해방을 찾아 안미숙과 그녀의 고향으로 낙향, 그녀의 원래 직업이었던 간호원직을 고수하며 살아가는 것으로 사건은 전개된다.

그런데 정작 중요한 속이야기는 이들 부부생활 중 우연히 사들인 우렁이에 붙은 거머리의 관찰에 초점이 모아진다. 거머리에게 당한 고통 때문에 원한을 지니게 된 우렁이는 자신도 죽을 각오를 한 채 거머리의 탈출을 막는다. "웬만하면 자신의 살 속에 침입했던 거머리가 빠져나가도록 그대로 내버려둘 만도 한데, 우렁이는 악착같이 어항에 밀착시킨 각표살을 이동시키며 거머리의 탈출을 필사적으로 저지하고 있었다. 얼마나 오랜 시간을 거머리에게 피를 빨려왔으면, 얼마나 원한이 깊게 맺혀 왔으면 우렁이가 저러겠는가 싶어 이해가 갔다"고 작가는 쓴다.

자기 살 속에 꼭 껴안은 채 질식사시키는, "마지막까지 거머리를 놓치지 않기 위해 안간힘을 다해 자신의 견고한 패각 속에 가두고 함께 동반자살을 시도"하는 우렁이를 통하여 작가는 버림받은 사람들의 원한의 깊은 뿌리를 암시한다. 작가는 어디서도 이를 인간 사회와 지나치게 대비시켜 설교하지는 않으면서도 자연현상 그대로를 제시하면서 독자로 하여금 신선한 충격을 느끼도록 만든다. 섬세한 관찰과 서정적인 묘사가 돋보이는 깔끔한 중편이다.

소설집 『철조망 속 휘파람』 1988년 한겨레

소설과 당나귀 귀병

전영태

　소설은 저널리즘과 달라서 시국의 흐름을 직접적 즉각적으로 반영하기 어렵다. 소설이란 앞으로 다가올 현실을 통제하는 예술이라고 주장하는 사람들은 소설이 당면한 현실의 문제점을 파악하고 미래의 전망을 내다보는 것으로 설명하지만 그것은 어디까지나 이상일 따름이다. 이 소설이 미래의 현실을 예측할 수 있다면 소설이 통제의 예술이기 때문에 그런 것이 아니라 과거의 사실을 철저하게 분석 해부하여 과거를 근거로 한 미래를 내다보기 때문이다. 최근 시국의 엄청난 격동에 대해서 직접적으로 반응하는 소설도 가능하지만 그런 소설은 시류적 의미밖에 획득하지 못할 것이다. 월남전을 체험한 이상문 이원규 같은 작가들이 이제서야 「황색인」「훈장과 굴레」 등의 작품을 산출하는 것도 소설이 근본적으로 과거에 근거를 둔 문학이라는 점과 관계된다.

　그렇다고 해도 작가의 정신을 짓누르는 시국의 문제점들의 부하감이 과중할 때 작가는 여기에서 자유롭지 못하다. 이 나라가 앞으로 어떠한 방향으로 진행될지 모르는 상황에서 과거의 사실에만 매달리고 있는 자신의 모습이 처량하게 느껴지거나 한가롭게 생각되어 자신의 작업에 대한 모멸감을 스스로 감지하게 된다.

이달에 발표된 소설은 최근의 엄청난 대변화를 지켜보기 이전에 씌어진 작품들이라서 그러한 전환 이전의 심리적 답답함을 그리고 있는 소설이 주류를 형성하고 있다.

정작 말하고 싶은 것은 하지 못하고 이야기의 변죽만 울리는 안타까운 모습이 두드러지게 나타나고, 하고 싶은 이야기를 하지 못했을 때 흔히 그러하듯이 쓸데없는 말만 수다스럽게 늘어놓는다거나 우회적인 표현법을 구사하여 무슨 말을 하고 있는지 짐작하기 어려운 양상을 표출하고 있다. 이러한 현상을 우화의 그것과 연관시킨다면 일종의 '당나귀 귀병'이라고 하겠는데, 진정한 민주화가 이루어진다면 이 병도 치유가 불가능한 것은 아니다.

박석수의 「우렁이와 거머리」(『한국문학』 7월호)는 한 육체파 여배우를 취재하면서 그녀가 왜 활동을 못하게 되었으며 신문의 가십에 오르내리게 되었는가를 밝히는 과정에서 발생한 문제들을 이야기하고 있다. 그녀가 활동을 못하게 된 근본원인은 권총 찬 사나이의 요구를 들어주지 않았기 때문인데, 잡지사 데스크에 의해서 이 사실이 은폐되고 엉뚱하게 안미숙이라는 여배우의 과거 행적만 초점화되어 담당 기자는 사표를 제출한다. 잡지사 내의 내부검열이 진실을 호도하고 상업적 흥미만 가중시킨 것이다. 언론의 자유라는 것은 외부의 억압에 의해 침해되는 경우보다 억압을 의식한 내부의 검열에 의해 저해당하는 경우가 더 많다. 이러한 내부 검열의 속속들이 건재하는 한 언론의 자유라는 것은 쉽게 누릴 수 있는 자유가 아닌 것 같다. 이 작품은 이러한 상황을 우렁이와 거머리의 예로 우화화했는데 작품에 반복적으로 제시되는 이 우화는 너무 빈출하여 상징의 수작까지는 미치지 못했다. 특히 담당 기자가 그 여배우와 결혼해서 산다는 결말은 그 여배우의 수기를 상업적 흥미거리로 전환시킨 김 주간의 행위 못지않게 통속적이다. '당나귀 귀병'의 치유방법으로서는 미약한 바 없지 않지만 오래간만에 재미있게 읽힌 소설이다.

소설집 『철조망 속 휘파람』, 1988년 한겨례

소설작품에 투영된 민주화 성향

이명재

　바야흐로 우리 사회는 국민 다수의 열망에 의하여 모처럼 새로운 민주화의 발걸음을 내딛고 있다. 그것은 최근 행해지고 있는 위정 당사자들의 정치 현안을 비롯한 경제·사회·문화 등의 전 분야에서 균형있게 지속적으로 구현시켜 나가야 할 과제일 터이다. 따라서 새삼스런 대로 우리는 여기에서 문학과 사회의 함수관계나 작가의 현실인식 문제를 대상 작품으로 참고삼아 볼 수 있을 것 같기도 하다.

　하기는 마침 이번 달에 발표된 창작소설들에서 거의 절반 작품이 이런 요소를 지니고 있어서 주목되는 바 많다. 주로 필자가 읽은 『한국문학』과 『현대문학』에 실린 중편과 단편을 주로 한 것이긴 하지만 결코 우연한 사실만은 아닌 것으로 파악된다. 더욱이 민주화의 서막이라고 일컬어지고 있는 일련의 정치적 조치들이 취해지기 전에 쓰여진 작품이라는 점에서 그 점은 더욱 두드러진다. 어쩌면 문학이 사회현실에 민감하고 작가들이 오히려 일반 시민의 행동에 못지않게 국민의 바람을 작품으로 제시한 노력 때문이랄까. 요즘의 작가들은 그들 작품에서 어느 정도를 어떻게 반영하며 무엇을 제시하고 있는가를 살펴볼 필요가 있다.

　먼저, 이 달의 권두 중편으로 선보인 박석수의 「우렁이와 거머리」(『한국문학』 7월호)에도 이런 문제가 내포되어 있음을 본다. 이 작품은 무엇보다 작가의 예리한 관찰력으로써 집의 어항 속 미물인 우렁이와 거머리의 생태나 속성을 일부 악랄한 인간들의 생존 양상과 상징적으로 대비시켜 신랄하게 풍자한 역작이다. 특히 우렁이 살 속에서 피를 빨아먹고 기생하는 거머리를 여러 구체적인 경우의 인물을 들어 연결하고 입체화시킨 구성이 수긍된다.

　본디 순박한 간호원으로 근무하고 있다가 우연히 이동수라는 국제적 로비스트와 만나 비밀동거를 하게 되고 그의 도움으로 유명한 육체파 여배우가 된 안미숙, 그녀가 갑자기 정체 모를 사나이 권총 찬 이로부터 심하게 구타를 당하고 난데없는 아주머니로부터 옷값 채근을 받는 갖가지 폭력적 탄압은 자못 관심과 흥미를 동반한다. 더구나 하나뿐인 꼽추 여동생이 남편으로부터 학대를 받고 병원에서 출산 중 숨을 거둔 뒤 그녀의 화장을 치르는 안미숙의 처지는 참담함을 더하고 있다. 작품의 화자 자신의 형이 K시에서 택시 운전을 하던 중 강도한테 수많은 총알을 받고 숨진 처참함과도 연상되는 일이었다.

　이런 여주인공의 기구한 삶과 억울한 폭력에 의한 실상을 여성지의 신입기자로 취재하다가 사표를 내고 결국 서로 결혼하여 시골에 낙향해 사는 내용은 복합적인 구성미를 이루고 있다.

다음과 같은 끝부분에서처럼 얼기설기 연결된 사건이나 상징적 이미지가 한 군데로 모인 초점의 묘미가 돋보이는 것이다.

> 잠시 후, 나는 문득 큰우렁이가 불쌍한 아내처럼 느껴졌다. 그리고 아내의 살 속에 파고든 거머리가 이동수라는 정계의 거물 같기도 했고, 권총을 들이댔던 정체불명의 사내 같기도 했고, 옷장수 아주머니 같기도 했고, 영화계의, 밤무대의, 방송국의, 언론계의 실력자들 같기도 했다.
> 아니, 어쩌면 거머리는 그들이 아닌, 5년간 아내의 살 속에 숨어만 살던 바로 내 자신인지도 모른다는 하나의 충격적인 깨달음이 온 바로 그 순간이었다.
> 큰 우렁이는 어항 유리에 밀착시켰던 각표의 살을 도르르 말아서 패인 살 속에 숨어들었던 그 거머리를 자신의 단단한 패각 속으로 집어넣으며 어항 바닥으로 굴러떨어졌다.

그런데 여기에서 결코 내쳐서는 안 될 테마는 위와 같은 여주인공(여배우)의 기구한 삶과 정체 모를 폭력에 의한 실상을 화자(오 기자)가 취재하여 기사화하는 과정에서 끝내 사표를 낸 그 자신의 고발과 항변의 의미이다. 유능했던 공일수 선배 기자의 사표사건을 곁들여 제기한 그것은 역시 단순한 잡지사 안의 교활한 김 주간 횡포만에 그치지 않는다. 위에서와 같이 악랄한 일부층의 폭력을 비호하는 당국이나 납본 등속에 걸친 검열과 함께 은연중 언론의 자유문제에 잇닿아 있는 점에서 이 작품은 정치·사회의 심층을 풍자한 문제작이기도 한 것이다.

소설집 『철조망 속 휘파람』 1988년 한겨레

배경으로서의 자기 세계

이내수

작가가 자기 세계를 가진다고 할 때, 거기에는 정신적 요소와 함께 장소라는 물질적 배경도 포함된다. 어떤 작가의 경우 장소로서의 세팅을, 현실로 존재하는 곳이건, 가공의 장소이건 거의 고정하다시피 하는 경우를 더러 볼 수 있다. 가령 포크너의 요크 나파토나 토마스 하디의 이그돈 평원, 제임스 조이스의 더블린 등을 들 수 있을 것이다. 또 국내 작가의 경우에는 가령 박태순의 외촌동이라든가 이문구의 관촌 등을 생각해볼 수 있을 것이다. 작가는 소재나 주제의 선택에 있어 작가 개인 나름으로 제한적일 수밖에 없다.

새삼스런 이야기지만, 모든 소재, 모든 주제를 다 작품화할 수 있는 작가는 결코 훌륭한 작가일 수도, 행복한 작가일 수도 없다. 어쩔 수 없이 작가는 자기 체험의, 또는 성장 과정의 한계 내에서 자기 세계를 구축할 수밖에 없는 일이다. 가령 올더스 헉슬리의 경우, 영국 상류사회의 속물성을 그렇게 경멸하면서도 그 세계를 다룰 수밖에 없었고, 알베르 카뮈의 작품세계에서 그가 성장한 곳과 관련하여 이른바 지중해적 요소를 배제할 수 없음은 다시 말할 나위 없는 일이다.

우리 소설의 경우 세팅을 고정화할 경우, 대개는 피카레스크 소설이나 연작소설의 성격을 띠어온 것이 통례다. 가령, 구보의 「천변풍경」이나 앞에서 말한 박태순, 이문구 등의 연작소설 형식이 그것이다. 이 경우, 세팅에 문패를 달아맨 듯, 한 곳에 지나치게 머무른다고 핀잔할 수도 있고, 또 한 곳에 안주한 채 거기서만 맴돌아 작품세계의 변화가 없다고 힐난할 수도 있다.

그러나 다른 각도에서 보면, 한 작가가 자기 세계로서의 배경을 가진다는 것은 그만큼 문제를 깊이, 그리고 다양한 시각에서 다룰 수 있다는 강점을 지닌다고 볼 수 있다.

『소설문학』2월호와 3월호에 분재한 박석수의 중편「동거인」을 한 작가가 확보하고 있는 배경으로서의 자기 세계가 갖는 의미와 관련하여 살펴보고자 한다.

주지하는 것처럼, 박석수는 「철조망 속 휘파람」「외로운 증언」 등 여러 작품에서 고향인 쑥고개를 즐겨 배경으로 다루어온 작가다. 이제 거론하려는「동거인」역시 이런 쑥고개 연작 중의 하나다.

다시 말할 나위 없이, 쑥고개는 '기지촌의 대명사'처럼 되어 있는 곳이다. 우선 쑥고개가 이렇게 되기까지의 저간의 사정을 좀 지루하지만 작품을 통해서 알아보기로 하자.

숯고개가 쑥밭이 된 것은 6·25의 전황이 한참 불리할 즈음의 일이다. 한국전에 참전한 사기충천했던 스미스 부대가 죽미령

(쑥고개와 오산의 중간지점) 고개에서 치른 적과의 첫 전투에서 대패한 후 평택 쪽으로 정신없이 패주할 때였다.

 미 공군은 아군의 후퇴와 적군의 전진 속도를 계산하는 도상 체크의 잘못으로 아직 적군이 들어오기도 전인 엉뚱한 지역에 맹폭을 가해 그야말로 쑥밭으로 만드는 실수를 저질러 버렸다. (…)

 뿐만 아니라, 숯처럼 새까만 흑인과 대낮에도 털북숭이 가슴을 드러내놓고 다니는 백인들이 함께 마을에 진주하면서부터 기지촌이 형성되고 K55 미 공군비행장이 건설되었다.

 그 사방 십 리가 넘는 비행장 건설부지로 집과 숯막과 논밭을 모두 하루 아침에 징발당한 원주민들은 좌동과 서정리 목천 쪽으로 밀려나왔으며, 나의 할아버지나 아버지도 예외는 아니었다.

박석수는 이처럼 쑥고개가 미군의 진주와 함께 겪은 수난 30년사를 연작 형식으로 작품에서 천착하고 있다. 가령, 쑥고개 원주민이 본래 가졌던 생계를 잃고 미군부대 주변에 기생하다가 불행을 겪는 이야기를 다룬 「철조망 속 휘파람」 등이 그 대표적인 경우이다.

「동거인」도 위의 작품과 마찬가지 발상에서 씌어진 작품이다. 주인공의 할아버지는 일제시대부터 해오던 숯막이 비행장으로 징발되어 폐쇄되자 화병으로 죽고 그 후 아버지가 콩나물공장을 차려 생계를 꾸려가는 정황을 이 작품은 다루고 있다.

이 작품에서 작가가 추구하려 한 것은 작가의 말에서 보듯이 "인생을 쉽게 사는 사람과 인생을 어렵게 사는 사람의 모습을 그려봄으로써 참된 삶이란 무엇이고 어디 있는가"를 모색해보려 한 것이다.

이 작품의 포인트는 인생을 어렵게 사는 사람 쪽에 있으며, 그것은 군에서 갓 제대하여 귀가한 주인공의 가정으로 압축된다. 주인공의 아버지는 30년을 콩나물 기르는 일로 생업을 삼아왔으며, "땀 흘리지 않고 버는 돈은 가치가 없다"는 것을 신조로 삼는 건실한 인물이다. 이 작품의 전반부에서 인생을 어렵게 사는 사람들 특히 주인공의 아버지를 필두로 한 그 일가권속의 삶의 모습은 구체적이면서도 생동감 있게 그려진다. 땅에 흘린 콩알 하나까지 일일이 줍는다든가, 값싸게 구할 수 있는 자동펌프를 굳이 마다하고 수동으로 하는 펌프질을 고집한다든가 하는 부분에서 주인공의 아버지의 삶은 구체적으로 부각되며, 잠이 부족한 상태로 콩을 사입하여 콩나물을 길러 판매하는 과정을 통하여, 주인공 일가의 성실하면서도 고달픈 삶의 모습은 그 정황이 독자에게 구체적으로 제시된다. 주인공 일가는 말하자면 쑥고개가 기지촌이 되기 이전의 본래적인 삶의 방식을 고집스레 지켜오는 어떤 계층을 표징적으로 나타낸다고 볼 수 있다.

이들의 삶과는 대조적으로, 미군부대 주변에 기생하여 인생을 쉽게 사는 사람들의 모습은 작품의 후반부에서 다뤄지고 있다. 그러나 그들의 삶은 전반부에 보여주었던 주인공 일가의 삶에 비하여 작중에서의 형상화가 좀 떨어지는 편이다. 스트립걸인 미영의 삶이나 의식이 다뤄지고는 있으나 좀 미흡하다는 생각이 든다. 또 악역으로 미군 토니가 등장하는데, 그 역시 상투적으로 다루어져 캘릭터라이즈가 충분할 만큼 이루어졌다고 보아지지 않는다. 최정희의 「녹색의 문」이라고 기억되는데 이 작품에 나오는 미군은 참으로 호감이 가는 인물로 작중에서 형상화되어 오래 기억에 남는다. 앞으로 계속될 이 작가의 쑥고개 연작에서도 이런 미군상을 몇 사람쯤 만나게 되었으면 하고 기대한다.

이 작품은 결국 주인공이 군대에서 제대하여 고향인 쑥고개로 돌아왔다가 불과 며칠 만에 다시 고향을 떠나게 되기까지의 과정을 통해서 참된 삶의 의미를 묻고 있다. 그러나 몇 가지 검토되어야 할 사항이 남는다.

먼저 이 작가는 쑥고개 연작을 통하여 쑥고개, 사람들이 6·25를 겪으면서 당한 억울한 죽음, 생활 근거의 상실 등 수난과 피해를 주로 문제 삼아왔는데 이 작품의 경우도 이전의 작품과 크게 다르지 않다. 물론, 억울감을 문제삼는 일이 잘못된 일일 수는 없다. 그러나 그것은 쑥고개를 보는 작가의 시각적 편협성을 말해주는 것이 아닐까 생각된다. 소박한 억울감의 표출은 현실에서나 소설에서나 소박한 것 이상일 수 없는 일이다. 작가의 시각을 좀 더 폭을 넓혀 역사의식과 연결시킨다면, 이 작가가 힘

기울이고 있는 쑥고개 연작에서 좀 더 많은 것을 건질 수 있지 않을까 생각된다.

다음으로는 작품의 균제감이 문제다. 이 작품은 후반부에 비하여 전반부가 지나치게 비대하여 균형감을 잃고 있다. 다시 말하면 후반부의 소략함 때문에 전반부의 양감이 합리화되지 않는다. 또 도입부와 결말 부분에 등장하는 김영란 선생과 사내의 역할이나 의미가 잘 전달되지 않아 이들을 작중에 등장시킨 불가피성을 찾기 어렵다. 이런 유기성의 파괴는 이 작품의 마이너스 요소가 되지 않을까 생각된다.

앞에서 말했듯이 배경으로서의 자기 세계를 확보한 작가는 행복한 작가다. 앞으로 이 방면에서 좋은 문학적 성과를 거두게 되기를 기대한다.

소설집 『철조망 속 휘파람』 1988년 한겨레

예시와 회상의 기능

이내수

　주지하는 것처럼, 소설에서 예시例示의 기능은 작중 상황의 방향을 제시하고, 독자의 흡인력을 높이며 앞으로 전개될 사건에 대한 의미를 부여하는 것으로서, 복선의 장치 등은 이런 예시의 구체적인 수법일 것이다.

　예시의 수법이 작중 상황에서 앞으로 일어날 일에 관심하는 데 비하여, 회상의 수법은 기왕에 일어난 일에 대하여 그 과정에 초점을 맞추게 된다. 궁극적으로 예시나 회상의 수법은 작중 상황에 박진감과 긴장감을 주어 독자의 흡인력을 높이자는 데 그 목적이 있으며, 그것은 자연스럽게 소설에 있어서의 시간의 문제로 귀착된다. 소설에 있어서 시간은 멘딜로우의 말대로, 여러가지 국면에서 소설의 성공여부를 좌우할 수 있는 소설기법상의 주요한 요인이며 그렇기 때문에 모파상은 작가에게, 능숙하고 빈틈없이 시간경과를 다루어, 작중 상황이 진실의 완벽한 환상이 되도록 하라고 강조한 바 있다.

　이달에는 이런 문제와 관련하여 박석수의 「설행雪行」을 살펴보기로 한다.

　박석수의 「설행雪行」은 중편이면서도 콩트 못지않은 박진감이 넘치는 작품이다. 이런 박진감은 어디서 연유하는 것일까. 그것은 이 작품이 예시와 회상의 기능을 십분 살리는 데 성공함으로써 얻어진 결과가 아닐까 생각된다.

이 작품은 우선 작품의 표제가 작품의 내용과 주제를 암시하고 있다. '눈'은 이 작품의 작중 상황에서 현재 진행 중인 상황에서나, 회상으로 처리된 상황에서나 늘 배경으로 깔려 있다. 이 작품에서 '눈'은 헤어진 애인을 3년 동안이나 찾아헤매는 주인공의 그리움과 집념과 좌절을 나타내는 객관적 상관물로서의 구실을 하고 있다. 다시 말하면 이 작품에서의 '눈'은 작품 서두의 시에서 밝히고 있듯이, 주인공의 '잠 못 든 가슴 위로' 내리며, 작품의 표제가 되는 '설행雪行'은 '창백하게 질린/ 이 하이얀/ 속 울음. 속을' 걸어가는 것이며, '목마른/ 우리의/ 그리움 속'으로 걸어가는 것이다. 이처럼, 이 작품에서 '눈'은 심리적, 정신적인 면과 관련되어 승화되며, 그것은 때로는 정서적 조화를 이루기도 하고, 어느 경우에는 정서적 대조를 이루어 그 기능을 십분 발휘하고 있다.

이 작품은 또 이른바 서두강조법을 구사하여 독자의 관심과 호기심을 유발하고 있다.

만약 하느님이 계셔서 어느 날 문득 내게 검지손가락을 던지며, 너 죽기 전에 소원 한 가지만 얘기해봐라. 들어주겠다고 말씀하신다면, 나는 망설이지 않고 대답할 것이 꼭 한 가지 있다.

그것은… 어떤 여자 이름 하나를 대면서 그녀를 꼭 한번만 만나게 해달라는 것이었다.
이 소원은 어제 오늘 생각해낸 것이 아니라 지난 18년간 한날 한시도 내 마음속에서 떠나지 않고 줄곧 자리잡고 있었던 내 유일한 희망이기도 했다.
(…)
그런데 지금 나는 바로 그 소원이 이루어질 단계에 와 있다. 그녀가 사는 주소를 손에 쥐게 되었으니까 말이다.

이것은 작품의 서두인 바, 앞으로 전개될 작품 상황에 대하여 강한 궁금증을 유발케 함으로써 처음부터 독자를 긴장시키고 있다. 여기 이어 주인공이 여자를 찾아나서는 여행이 시작되고, 그 과정에서 회상 장면이 삽입된다. 그러나 이 작품에서의 회상은 1인칭 소설에서 흔히 보게 되는 완전 회상이 아니고, 현재와 교차하면서 장면 중심으로 요약되어 전개됨으로써 작중 상황을 암시하여 작중 상황을 계기적으로 전개시키면서 그 사이 회상 장면을 삽입함으로써 작중 상황에 변화를 주어 속도감과 박진감을 더하고 있다. 부연하면, 이 작품은 멘딜로우가 말하는 것처럼 작중 상황의 전도에 대한 간절한 예상을 촉진시키며, 인과적 요소를 중시함은 물론, 독자의 관심을 단일화하고-이 작품의 경우, 그것은 주인공이 여자를 만나는 일이다-사건을 플롯에의 기여도를 배려해서 선택하고 있기 때문에 작중 상황이 매우 빠르게 진행된다.

    그러나 이 작품은 이런 류의 소설에서 항용 보게 되는 것과는 달리 클라이맥스에 이르러 속도가 떨어진다. 이는 아마, 주인공의 작중 액션에 정신적 요소를 살리려는 배려 때문이라고 생각되는데, 결과적으로, 이른바 관례적 예상을 벗어난 결말을 이끌어내는 데는 성공하고 있다. 그렇지만 이런 결말이 작품의 주된 흥미와 호소력을 인과관계의 완결 쪽에 편중시킴으로써 독자가 누림직한 지적 흥미를 배제해버리고 만 것은 이 작품의 한계를 뛰어넘기에는 미흡한 것이었다고 생각된다.

소설집 『철조망 속 휘파람』 1988년 한겨레

'설행雪行'의 미학적 상상력

유한근

　서른여섯 살이 되도록 한 남자가 동정을 잃지 않고 있다면 세상 사람들은 비웃을 것이다. 더욱이 18년간 한 여자를 그리워하는 사내가 있다면 세상 사람들은 희귀한 동물을 대하듯 놀라워할 것이며 끝내는 그럴 리가 없다는 의혹을 가지게 될 것이다. 또한 18년간 유일한 희망이었던 여자를 찾아 묻고 싶은 말이 겨우 그 여자가 그 옛날 사내한테 했던 말 '나 다른 남자와 결혼해도 너 괜찮겠니?'라는 말을 '나 결혼해도 괜찮겠느냐?'는 물음으로 되돌려주는 것이라면 세상 사람들은 3류라고 박장대소할 것이다. 그리고 이 소설의 한 인물인 찻집 여자 검정 재킷의 말과 같이 '세상을 농담 만담으로 사는' 덜 떨어진 사내로 볼 것이다. 고급 독자일수록 위의 이야기를 소설의 서사구조로 하고 있다고 할 때, 그 소설을 대개는 3류 혹은 통속소설로 취급해버릴 것이다. 더욱이 작품평의 대상에서 여지없이 제외할 것이다. 너무 감상적이며 터무니없이 현실과 괴리된 작품이며 삶의 근원적인 문제나 이 시대의 당대적인 문제를 다루지 않았다는 이유로 본격 소설의 영역에 이 소설을 포함시키는 것을 거부할 것이다.
　박석수의 「설행雪行」이 위의 사내, 서른여섯 해 동안 동정으로 버텨온 사내를 그린 중편소설이다. 이 소설은 이렇게 최근의 소설 경향의 큰 흐름에 역행하는 소설이다. 이 작가가 한 시대의 소설적인 큰 흐름에 왜 역행하고 있으며, 그 역행의 모반적 도구를 왜 감상적이며 터무니없다고 세상 사람이 조소할지도 모르는 한 사내의 순정(?)을 세사로 끌어왔는지를 점검하는 것으로 이 글은 개진된다.

1980년대에 들어 우리 소설계 혹은 비평계는 몇 개의 소설적 모티브에 따라 주목되어왔다. 그것의 하나는 분단 현실로 40여 년을 넘어서는 우리의 공동체적 현실을 재점검하는 것으로써 이른바 분단소설이라는 경향의 작품이 그것이고, 이것의 우회적 표현의 한 방편으로 사회의 관행적인 사건들, 예컨대 노동자, 농민, 도시빈민층의 삶을 대변하는 소설 등이 비평계의 주목을 받아왔다. 뿐만 아니라 우리의 근세사를 시간적인 축으로 놓고 그 시간 축에 따라 우리의 현실 공간을 재조명하는 이른바 민중역사의 점검 소설들이 한편으로 주목되어 왔었다.

조선조의 동학란을 시간대로 놓고 쓰여진 몇몇의 작품들이나 나아가 월남을 공간적인 배경으로 설정하여 쓰여진 소설들도 이 범주에 포함시킬 수 있을 것이다. 한편, 이 경향과는 달리 1980년대의 젊은이들의 초상을 다룬 소설들, 산업화시대로부터 정보화시대로 전환되는 20세기 말의 자유화라는 전환기의 물결을 탄 젊은이들의 회색인적인 삶을 다룬 중간 소설적인 경향도 주목되어 왔던 것으로 보인다. 즉 1970년대의 호스테스소설, 무교동소설의 맥락을 계승하면서도 역사·사회적 상상력을 가미하여 한 젊은이의 상황이나 생의 좌초가 단순한 그들의 뜨거운 피 때문만은 아니며 그들에게 간접적인 폭력이나 자극이랄 수 있는 이 시대의 파행적인 역사 때문이라는 인식을 바탕으로 한 종로소설(강석경의 「숲속의 방」이 그 대표적인 예의 소설) 등이 문단과 독자의 주목을 받아왔다. 그리고 다른 국면에서는 젊은이들의 윤리의식 없음을 경계하고 그로 인해서 세기말의 비틀거림을 경계하기 위한 사랑의 이야기를 특이한 구조로 만들어 관심을 모으고 있는 「레테의 연가」 등도 이 시대의 문학으로 간과할 수 없는 소설이다.

이러한 소설 판도에서 박석수의 「설행雪行」은 몇 가지 점에서 우리를 주목하게 한다. 3류라고 웃어넘기는 인간의 원초적인 감정이 인간의 비본질이 아닌 본질이며 생존의 중요한 핵이 될 수 있다는 시대를 뛰어넘는 인식이다. 문학은 이 시대 의식을 뛰어넘는다. 한 시대가 변질시켜놓은 윤리성을 문학은 역행하여 본질 쪽으로 접근해가야 한다. 문학은 새 메커니즘에 의해서 파괴되어버린, 그리고 해체되어가는 인간 본성을 찾아 소급해가야만 하는 역행성을 원론으로 하고 있다. 이 시대가 만든 시대의 윤리성에 역행성을 지닌 문학, 인간이 아닌 기계로 지향해가는 과학에 쐐기적 기능을 담당하여야 하는 문학, 이 점을 우리가 신봉할 때, 「설행雪行」의 조소적 계기인 3류 감정이라는 말은 우리의 변질된 시대의식에서 규정되는 언어이다. 즉, 순수한 인간 감성을 상실한 새 메커니즘적 언어라는 의미이다. 잘못된 시대의 가치 규정의 개념적 용어라는 말이다. 당대의 흐름을 예각화된 감각적 더듬이로 느끼고 있으며 그것을 세련된 감각어로 표현할 줄 아는 작가가 이 사실을 놓칠 리가 없다. 뿐만 아니라, 분단 현실의 아픔, 그 하나의 국면이기도 한 기지촌을 공간 체험으로 한 작가 박석수의 경우 이를 인식하지 못할 리가 없다.

「설행雪行」을 한글로 풀어보면 '눈 나들이'와 '눈의 노래'라는 중의적 의미를 갖는다. '눈 나들이'는 이 소설의 서사구조가 눈 내리는 겨울이 시간적 계기로 되어 있으며 주요한 사건들이 눈 오는 날로 의도적으로 설정되어 있고, 18년 동안 잊지 못했던 여인을 찾아나서는 나들이로 짜여져 있다는 점에서 그 풀이의 적합성을 갖게 된다. 그리고 '눈의 노래'는 눈이라는 언어의 내포·함축적인 의미, 순수 무구하다, 천 년을 내려도 변화하지 않는다, 원초적이다, 혹은 세사가 묻힌 때를 벗겨주든지 가려준다라는 원형적 의미가 이 소설의 인물 성격을 표상한다는 점에서 그 풀이의 타당성을 뒷받침한다.

이 소설의 서사는 단편소설의 구조처럼 단순하다. 『월간성공』의 고참 기자인 나는 36살의 노총각이다. 내가 바라는 단 하나의 소원은 18년간 그리움의 대상으로서 떠나지 않았던 짝사랑의 여인을 단 한번이라도 만나보는 일이다. 그녀가 결혼하기 전 어느 눈 오는 날, 그녀의 화장품 냄새를 안았던 일, 그 하루의 외박으로 집으로부터 쫓겨나 방황하며 보냈던 18년간의 고독과 사랑의 이야기가 회상으로 처리되면서 우연한 기회에 나는 그녀의 거처를 알게 되고 포항으로 떠난다. '그녀를 한번 만나고 나면 쉽게 결혼을 할 수 있을 것 같았'고, 만나서 그녀에게 나, 다른 여자와 결혼해도 괜찮겠느냐고 일단 허락을 받아야만 할 것 같았기 때문이다. '그래야만 그녀에게 진 마음의 부채가 갚아질 것 같았'기 때문이기도 하다. 여기에서 마음의 부채는 그녀와의 관계에 대한 부채이다. 즉 그녀가 다른 남자와 결혼해도 좋은가를 물어왔을 때 자신의 마음과는 다른 딴청부린 말에 대한 대가이며 그녀가 자신을 애타게 찾았을 때 적절한 시기에 그녀 앞에 나타나주지 못한 부채, 그리고 그녀를 사랑하여 다른 여자를 접할 수 없었던 부채를 의미한다.

포항에 도착한 '나'는 철길 찻집에 들어 검정 재킷을 입은 찻집 아가씨에게 전화를 부탁하여 18년간 그리워했던 여자와 통화를 하게 된다. 그리고 그 여자를 만나게 된다. 그러나 전화 통화에서의 18년이라는 시간의 초월은 현실 공간의 단절로 변화한다. '참, 너 일은 다 봤어?'라는 그녀의 되풀이되는 물음이 18년간의 시간과 공간의 간극으로 되돌아가게 된다. 그래서 끝내 '나'는 부채를 덜어줄 것으로 믿었던 물음을 내뱉지 못한 채 헤어지게 되고 만취하게 된다. 그리고 검정 재킷의 찻집 여자에게 동정을 주게 된다. 그러나 자신의 부채로 여겨왔던 것을 갚지는 못했지만 가벼운 마음으로 찻집 여자와 상경하게 된다는 서사로 이 소설의 끝은 맺어진다. 그러니까 18년간 '나'를 짓눌러 왔던 짐은 그녀에게의 질문이나 그리움의 무게라기보다는 한 여자를 지극히 사랑하여 지켜온 동정童貞 때문이라는 실존적 사실을 이 소설의 데뉴망은 암시하고 있다고 보아야 할 것이다. 이런 점으로 볼 때 이 소설의 표층적 메시지는 지고한 한 인간의 정신적 사랑의 순수성에 있다기보다는 이 소설에서 묘사된 성기의 표현, 논두렁과 개구리가 표징하는 바 의미, 육체적인 사랑의 생존적 의미를 심층적인 메시지로 담고 있다고 보아야 할 것이다.

현실적인 삶에 있어서 불가시적이고 불가항력적인 정신세계는 기층적인 역동성에 의해 삶의 지표가 되어주기는 하지만 실존적 국면에서는 다소 멀게만 느껴지는 존재이다. 그것이 본질에 속하는 문제이고 근원적인 삶을 좌우하는 힘을 지니고 있다고 해도 현실적인 국면에서 보면 신기루와도 같이 허망한 것이다. 이 소설에서 이를 표징하는 인물이 '손백란'이라는 여자이다. 신기루같이 18년간을 지배해온 힘, 그것은 아름답지만 오아시스의 물처럼 우리의 생존적 욕구를 해결해주지는 못한다. 신기루 같은 아름다운 힘이 '농담과 만담 같은' 힘이라는 작가의 인식이 이를 입증해준다.

우리의 삶에 있어서 삶과 깊이 결속되어 있으며 인간의 관계 양식을 단단하게 맺어주는 사랑, 인간적인 정은 육체적인 사랑이다. 기존의 러브로망에서 육체적 사랑의 폭력이 정신적 사랑의 지주를 어떻게 붕괴하는가를 다루지 않은 바는 아니지만, 이 소설처럼 가벼운 터치와 딴청을 부리며 실존적 사랑의 의미를 환기해주는 소설은 흔치 않다.

또 하나의 간과할 수 없는 이 소설의 힘, 독자를 재미로 흡입하는 힘은 상황이나 사건을 해석하고 인식하는 감성적 표현이다. 하나의 상황을 독자로서는 엉뚱하고 낯설게 느끼게 함으로써 재미를 더해주는 개성있는 표현이 곳곳에서 반들거리고 있어 뻔한 이야기를 예감하면서도 읽게 한다. 이런 것들이 소설의 메시지로 이끌어주는 힘과 전혀 관계없는 부분이라 해도 삶의 단편적인 양상을 새롭게 인식해주는 데 큰 효과를 나타낸다.

오늘의 시대에 있어서 소설이 무거운 삶의 메시지만을 전달하는 기능을 지니고 있다고 고집하기에는 무리가 있다. 물론 문학작품을 위대한 책으로 남게 하는 힘은 사상성에서 비롯된다는 원론적 국면을 무시해서가 아니다. 그 양식적인 특성으로 보아 또는 다원화되어가고 정보화되어가며 속도화되어가는 현대에 이에 역행하는 문학의 본질에 충실하고 그 기능을 백분 획득하기 위해서 즉 독자를 붙잡아 매어둘 수 있는 시간을 확보하고 그들의 반응을 점검할 수 있는 수용미학의 차원을 고려할 때, 소설은 우선 이야기의 서술적 재미가 아닌 사건, 상황을 새로운 각도로 인식하게 하는 묘사에서의 재미를 확보하여야 한다. 뿐만 아니라 독자의 보편적 관심권 내에 있으면서 문학의 고급화라는 명분에 치어 간과해버렸던 문제들을 하나하나 일깨워 살아 있는 새로운 문제로 드러내주는 일도 이루어져야 할 것이다.

이런 측면에서 박석수의 감성소설 「설행雪行」은 소설의 세속화라는 척도로 지나칠 수 없는 소설이다. 18년간 한 사내를 짓눌러온 사랑의 무게가 얼마나 큰 것이며 그것의 붕괴가 얼마나 어처구니없는가를 해명하는 문제는 보통 사람들의 진실된 보편적 문제이기 때문이다.

  박석수의 또 다른 작가적 관심, 원체험 공간에 의해서 내밀한 곳에 틀고 있는 시대적인 한恨을 표출하는 '쑥고개' 이야기 같은 소설과는 다른, 이 시대의 보통 사람들의 이야기에 대한 관심이 어떻게 형상화될 것인가가 기대된다. 그가 시에서 보여주었던 존재에 대한 심화와, 시대와 사회에 대한 관심이 미학적 상상력에 의해서 성공했던 것처럼, 소설에서도 그것이 어떻게 극복되어 우리 앞에 나타날 것인가가 매우 기대된다.

소설집 『철조망 속 휘파람』 1988년 한겨레

소설인물의 인식확장으로 본 삶
— 박석수의 작품집 『철조망 속 휘파람』의 경우

정현기

1 인간의 첫 주거지, 가정세계

가령 한 작가의 소설집을 읽으면서 거기 등장하는 인물을 그 성장기로부터 성격 형성 배경, 사람됨, 지적 능력, 심성 등의 순열로 다시 조립해놓는다는 일이 가능할까? 단편과 중편을 섞어 묶은 창작집의 어떤 인물을 중심으로 해서 그 일이 가능할 것인지, 또 그런 일에 의미를 부여할 수 있다면 작가와 그가 창조한 인물과의 관계를 어떻게 연관지어야 할지 두루 밝혀야 할 문제점들은 숱할 것이다. 더구나 장편소설처럼 한 인물을(혹은 두세 인물) 중심으로 이야기를 이끌어나간 소설이 아니고 이야기 조각이 다른 중·단편소설로 그런 동질형의 인물사를 만들기란 여간해서 쉽지 않을 수도 있다. 그러나 아무리 객관적인 입장에서 타인의 얘기를 그린 작가라 할지라도 작품을 이끌어나가는 중심인물 하나쯤은 반드시 작가 자신을 닮은 인물로 등장시킨다는 사실을 상기해보면 많은 작가들이 자전적인 소설을 쓰고 있을 수도 있다는 진실을 쉽게 용인할 수 있다. 송기원의 창작집 『다시 월문리月門里에서』 속에 살고 있는 인물의 동질적 행적이 그 가장 좋은 예라는 증거로 이 논의는 일단락짓기로 한다.

박석수의 창작집 『철조망 속 휘파람』에 실린 여덟 편의 작품들을 앞에서 말한 방식으로 순차 열거하면 다음과 같이 될 수 있다. 첫째 중편소설인 「동거인同居人」, 둘째 단편소설인 「무거운 집」, 셋째 중편 「우렁이와 거머리」, 넷째 단편 「거울」, 「신라의 달밤」, 이렇게 순차적으로 열거된 작품들은 한 인물이 자기 존재의 최초 주거지인 가정에서 겪는 체험 내용으로부터 두 번째 주거지인 자기 가정과 그 가정을 이끌어가기 위해 나선 일터에서 겪는 체험 내용을 일관해서 담고 있다.

첫 번째 주거지로서의 가정이란 두 번째 주거지인 가정과는 그 위상이 본질적으로 다를 수밖에 없음을 작가 박석수는 암시한다. 첫 주거지 가정이란 아버지 어머니가 이룩한 둥지이고 따라서 아들의 격으로 묶는 가정이란 아버지의 격으로 묶는 가정과 아주 다른 마당일 수 있다. 일테면 부모라는 두 존재 사이에서 태어나 그들의 먹이공급으로 살고 있다는 것은 그 존재 자체가 부차적이고 피지배적이며 종속적인 의미망을 벗어나기 어렵다. 그래서 이 시기에 그런 존재마당으로부터 탈출하기를 꿈꾸는 강렬하고도 절실한 체험을 우리들은 모두 겪는다. 부모가 지닌 성품과 능력, 바람, 삶에 관한 감수성 등에 따라서 종속인물인 자식이 조종되고 훈육되며 길들여지는 운명을 우리들 모두 짊어지고 산다.

박석수의 「동거인同居人」 속의 주인공 나(근호)는 완강한 자기 신념으로 뭉친 건강하고 부지런하며 결코 양보할 줄 모르는 아버지의 휘하에 딸린 나약하고 명상적이며 지식 냄새를 풍기는 선량한 인물이다. 콩나물공장을 크게 차려놓고 하는 아버지 사업에서 나약하고 지적인 인물은 필연적으로 천덕꾸러기일 수밖에 없다.

아버지는 건강 제일주의자였다. 배운 것 없고 가진 것 없이 힘든 노동만으로 먹고 살아야 하는 우리 같은 사람들에게 한 개뿐인 몸뚱이가 삐끗하고 잘못되면 그땐 무엇이 남겠느냐는 거였다. 건강한 몸뚱이 하나가 우리같이 무식하고 가난한 사람들에게는 유일한 최후의 재산이라고 아버지는 굳게 믿고 계셨다.

그런 아버지의 고집스런 일의 몰두를 지켜보는 자식의 삶은 두 가지 길의 방법밖에 없게 되어 있다. 아버지처럼 밤낮없이 노동에 몰두하든지 아니면 그 첫 주거지로부터 탈출하는 길이다. 탈출의 경우든 순종의 경우든 삶이 고된 것은 마찬가지라는 인식이 「동거인同居人」 속에는 깔려 있으나 이 작품 속의 인물 근호는 탈출하고 있다.

나는 매표소까지 걸어가서 어머니가 눈물을 질금거리며 손에 쥐어주셨던 그 젖은 돈으로 수원행 차표 한 장을 샀다. 이 한 장의 차표가 어쩌면 나를 파라다이스로 안내해줄는지도 모른다는 아름다운 환상을 가지면서.

그렇게 서럽고 고통스럽던 첫 주거지로부터의 탈출 과정을 그린 「동거인同居人」은 아버지라는 독재자와 그 밑에서 순종하는 어머니, 동생들의 얘기, 콩나물시장에서의 얽힌 얘기, 이 주인공의 착한 심성으로 저지른 아버지 눈속임 얘기 등으로 아주 재미있다는 특징을 보이는 작품이다.

2 약육강식의 비정한 사회, 직장

자기에게 짊어지워진 덫으로서의 첫 주거지로부터 탈출할 수 있는 통로는 자기 존재의 값을 제대로 쳐주는 타인의 시선 속에 있다. 그것은 사랑이다. 「동거인同居人」에서의 근호가 지닌 고뇌, 지적인 재능을 인정해주고 따뜻한 눈초리로 지켜보아준 인물은 국민학교 담임 선생이었던 김영란 선생님이다. 이 여선생을 찾아보는 일로 탈출의 첫발을 디딘 인물은 이제부터 험난하고 비정한 사회에 놓였다. 이 단계에서 시작된 삶은 사회를 구성하는 집단이익체제에 발맞추는 정신 못차릴 노역을 그의 삶의 기본 가락으로 하면서 여인을 향한 그리움, 옳게 사는 방법에 관한 고뇌, 이익체제가 요구하는 비정하고도 기계적인 일에 대한 갈등 따위, 한 시대의 일상성 속에서의 자리잡음이 된다.

단편소설 「무거운 짐」은 이처럼 아버지, 어머니의 동거인 입장에서 떨어져나와 비정한 사회의 틈을 비집고 홀로 선 사람이 겪음직한 존재 확인의 과정을 그리고 있다. 일단 제1 거주지로부터 탈출해나온 한 인물(명훈)은 광고대행사의 제작실에서 카피부장의 직함으로 광고 문안을 짜내는 월급쟁이가 되어 있고 전문 하숙집에 방 한 칸을 빌려 기거하고 있는 노총각이다. 그는 바쁜 가운데서도 늘 외롭다. 그런데 우습게도 하숙집 화장실에서 한 처녀와 마주쳤고 그녀와의 미묘한 만남으로 비로써 그의 생활은 충전된다. 같이 술을 진탕 마셨고, 아무 조건 없이 돈을 꾸어줬으며 얼마만에 만나 다시 술을 마셨으며 결혼 얘기를 한 가운데 여관에 가서 억지로 성관계를 맺었다. 아침에 일어나보니 자기 몸을 범했기 때문에 그로부터 떠나 외국으로 가겠노라는 쪽지를 적어놓고 그녀는 떠났다, 시트를 무심히 보니 방울진 핏자국이 있다. 소스라쳐 놀라며 그녀의 짐이 자신의 가슴으로 쌓여가는 느낌으로 이 작품은 끝이다. 이 작품은 박석수 소설세계의 한 삽화적인 통속물로 보인다. 이 작품과 같은 계열에 넣고 통속적 대중물이라고 지적할 수 있는 또 하나의 작품은 「설행雪行」이다. 리얼리티가 없을 뿐 아니라 작품 속에 진지한 작가의 숨결이 없어 보인다. 재미난 얘깃거리를 쉽게 썼다는 인상의 쉬운 작품이다.

그러나 나의 이 글의 본 주인공이 엮고 있는 삶의 편력 가운데 아직 자기 거주지를 잡지 못한 상태에서 세계를 보고 사물과 사람을 사랑하는, 박석수 본래의 소설 주인공은 중편소설 「우렁이와 거머리」 속에서 가장 큰 분수령을 이루는 역할을 하고 있다. 그는 위에서 대중물이라고 지적한 「무거운 짐」의 주인공과 같은 출발점에서 자기 존재의 모습을 드러낸다. 그의 인간적인 특성을 요약하면 대체로 다음과 같다.

첫째, 그는 집(아버지 집)을 나온 후 법대를 나온 전공에 맞게 사법시험 준비를 할까 하지만 사는 일이 급하므로 우선 뛰어든 직장이 월간 여성잡지의 기자이다. 둘째, 그는 아직 총각이고 여성지 주간으로부터 특종 취재를 위해 특별한 준비태세를 갖춘 인물이다. 셋째 그는 자기가 하고 있는 일이 진정한 삶, 옳게 사는 삶과 동떨어진 돈의 노예로서, 사회를 더럽히는 데 동조하는 역할임을 아는 자의식을 지닌 지식인이다.

다만 내가 하고 있는 일이 여성의 정서나 교양, 또는 의식을 고양시킨다거나 살림의 지혜나 갈등을 해소할 수 있는 귀띔이나 정보 등을 올바르게 제공함으로써 여성의 가정적 사회적 지위향상을 위해 기여하고 있다는 어떤 사명감보다는, 여성의 잠재된 허영심을 묘하게 자극시키거나 성적 호기심을 유발시킴으로써 오히려 여성의 타락을 부채질하는 쪽으로 기여하고 있다는 도덕적 무력감이 나를 가끔 피로하게는 했다.

여성지는 저마다 아무리 새롭고 참신한 기획을 세웠다 하더라도 막상 책이 나와 비교해보면 오십 보 백 보였다. 외지外誌에서 베껴낸 섹스기사와 기자들이 집필하는 가라수기, 유명 인사의 컬러대담, 정치가나 경제인의 아내들, 또는 연예계 스캔들 등이 주종을 이루고 있었기 때문에 여성지마다 마감이 임박해서 터지는 특종을 저마다 놓치지 않기 위해서 신문·방송·유비 통신에 촉각을 곤두세우고 있을 때였다.

　아버지를 중심으로 한 거처로부터 탈출하여 자리잡고 마주선 이 세계란 이처럼 물신숭배자들이 치르는 예식으로 가득 차서 진정한 자신의 값을 지키기가 극히 어렵다는 사실을 작중 인물은 깨달아 알고 있다. 이제부터 그가 할 일은 그 세계가 요구하는 대로 물신숭배자로서 모든 인간과 삶을 상품화하는 데 진력할 것인지 아니면 그런 세계로부터 또 한번 박차고 나와 물신으로부터 박해를 받든지를 선택하는 일이다.
　이 작품의 힘은 바로 이 장면에서 발휘된다. 간호원 출신의 육체파 여배우(안미숙)가 자연스럽게 특종감으로 떠오르고 베테랑 데스크인 김 주간은 그에게 오학수 추적 취재를 지시한다. 그의 끈질긴 집념으로 서서히 드러나기 시작하는 육체파 여배우 안미숙의 생애는 또 한 측면에서 보이는 훼손된 세계의 축소판이다. 간호대학을 나와 간호원 생활을 하던 그녀가 국제적인 플레이보이로, 유능한 로비스트로 이름난 부자 이동수의 눈에 띄어 1년간 동거를 했고 그의 영향력으로 전 간호원은 이름난 영화배우로 떠올랐다. 섹시하고 아름다운 이 유명 여배우가 하루아침에 스캔들에 휘말리게 되는 것은 정체 모를 사내의 알 수 없는 요구를 거절하고 나서의 일이다. 정체 모를 사내란 틀림없이 모종의 으시시한 직함으로 행세하는 뚜쟁이(예부터 내려오는 그럴 듯한 이름은 채홍사)일 것이고 그 강압적인 요구를 거절하고 나서 실컷 두들겨맞았고, 그녀의 단골 양장점 여편네로부터 가당찮은 트집을 잡혀 적반하장격의 '폭행했다'는 누명으로 매스컴에 오르내리게 된다. 한마디로 돈과 권력이 결탁한 인권침해 사례가 이 여주인공을 중심해서 발생한 것이고, 이 사실을 취재하려는 주인공 오학수 기자는 진실대로 취재했으나 회사 데스크 김 주간의 재주피움으로 여주인공을 완전한 곤경에 빠뜨리게 되었다.

그에게 주어질 특종상금을 거절하고 사표를 낸 오학수, 그는 이제 육체파 여배우, 그러나 정신적으로 이미 타격을 입을 대로 입어 절망에 빠진 안미숙과 결혼하여 이제는 지방 소읍에 와서 제2 주거지를 꾸몄다. 간호원인 아내가 보건소에서 벌어오는 생활비로 이제 그 자신의 주거지를 꾸민 것이다. 안미숙의 불쌍한 꼽추 여동생이 낳아놓고 간(그녀는 출산 후 죽음) 아이를 그들의 자식으로 삼아 드디어 그는 한 가정이라는 주거지를 만들어내었다. 비정한 사회로부터 또 한번 탈출하면서 얻어낸 두 번째의, 그러나 이제는 오로지 자신의 책임하에 꾸려가야 할 가정을 갖게 된 것이다.

작가 박석수는 이런 과정을 거쳐 한 주거를 만든 얘기에다 독특한 의미를 첨부하고 있어 보인다. 그것은 작품 첫머리에서부터 끝부분까지 계속 끌고나간 한 마리의 우렁이와 거머리와의 끈질긴 투쟁과정에 관한 관찰 내용이 심상치 않은 의미로 우리에게 다가오기 때문이다. 자신의 몸을 파먹는 거머리를 피맺힌 투쟁 끝에, 이미 다 죽은 자신의 살 속에 파묻어 죽인다는 처절한 투쟁 내용을 통해 뭔가 작가가 암시하고 싶어한 깊은 뜻이 이 작품 속에는 있어 보인다. 착취자와 피착취자 사이의 결론, 계속해서 피해만 입고 있다고 생각하는 작중 인물이 설정한 이 관찰 내용은 쉽게 외연화하기 어려운 어떤 상관관계를 엿보게 하는 바 있다.

3 두 개의 덫, 가정과 직장

두 번째로 만들어놓은 자기 삶의 울타리가 유형한 형태로 드러날 경우 인간은 이미 벗어날 수 없는 두 개의 덫에 갇힌 것이다. 책임져야 할 아내에 대한 내적 의무 이행이 하나의 벗어날 수 없는 덫이라면 이미 두 존재의 생존을 지탱하기 위한 외적인 노동의 의무가 또 하나의 옴쭉 못할 덫이다. 내적 의무가 사랑이라는 형이상학적 의미 모형 속에 묶이는 관계라면, 외적 노동의 의무란 두 관계의 형이상학적 맺음을 확고하게 하기 위한 필수조건으로서의 짐이다. 아내를 사랑하고 보호해야 한다고 생각하면 할수록 자신이 나아갈 삶의 방향은 자유롭지 못한 것이어서 비록 그가 참기 힘든 노역과 압제를 엉뚱한 사람에게서 받게 된다 할지라도 함부로 그곳으로부터 탈출하기 어려운 법이다. 이제는 그 자신이 홀몸이 아니기 때문이다. 이런 생활의 덫을 짊어지고 스스로 끙끙거릴 단계가 되면서 대부분의 사람들이 자신의 전 주거지 주인이었던 아버지와 어머니를 좀 더 가까이 이해하는 눈을 뜨게 되지만 아직 박석수의 소설 인물이 거기까지 눈을 돌리고 있지는 않다. 자신의 둥우리를 만들어놓고 모이를 벌어오는 두 덫에 걸린 인물이 겪는 실존적 고뇌의 모습을 그의 단편소설 「거울」과 「신라의 달밤」은 절묘하게 그려놓고 있다. 소설작품으로서의 짜임새로나 치열한 작가적 감수성이 두드러지게 드러난 작품으로나 박석수의 이 두 작품은 가장 돋보이는 작품으로 내겐 보인다.

어떤 방법으로든 나는 4천만 개 정도가 팔릴 수 있는 판매전략과 카피를 연구해 내지 않으면 안 되었다.
지난 10년간 하도 쥐어짜서 이제는 기름 한 방울 나올 것 같지 않은 내 머리통은, 지금 당장이라도 누가 슬쩍 한번 건드려보기만 해도 마른 깻묵처럼 우스스 바스러질 것만 같았다. 그러나 나는 곧 바스러질 것만 같은 그 머리통을 다시 쥐어짜가며 하나씩 문제를 정리해나갔다.

'모던기획' 부장으로 있는 주인공 '나'는 아내가 만삭이 되어 출산 준비를 하고 있고, 은근히 자신에게 신경써줄 것을 다짐하는 아내를 두고 출근한 회사에서, 실어증에 빠져 어쩔 줄을 몰라 한다.

말이 어느날 갑자기 이렇게 입에서 발음되어지지 않는다는 것이 과연 있을 수 있는 일일까? 느닷없는 말의 반역에 놀란 나의 표정이 그대로 거울에 비치고 있었다. … 주인의 뜻을 따르려는 혀의 안간힘은 끝까지 그 말을 만들기 위해서 꿈틀거림을 포기하지 않았지만, 그 맥없는 혀의 꿈틀거림이 하나의 말이 되기엔 어림도 없는 일이었다. 혀끝의 힘만으로는 아무 소리도 입 밖으로 발음해낼 수가 없었던 것이다.

노예기계처럼 회사의 돈벌이를 확대하기 위해 끊임없이 사역해야 하는 직장에서의 삶이란 값을 조금도 높여 생각할 수 없는 무의미한 일상성 그 자체라는 인식 위에서 이 작품은 쓰여졌다. 대기업이 대량생산으로 쏟아놓은 상품을 팔기 위해 갖은 아이디어를 다 짜내는 일을 기계처럼 해낸다는 것은 그 교환가치의 더럽혀진 몫을 수행하는 물신숭배 혹은 상품숭배자의 맹목적인 예식거행에 다름 아닌 것이다. 카프카가, 그런 일상성 속에서 자신의 실존을 깨닫고 보니 한 마리의 벌레로 그 격이 변신되고 있었노라고 증언한 「변신」 이래 그런 기계적인 상품의 노예로 대다수 사람들을 전락시킬 산업화, 근대화는 이미 우리들 삶의 마당 위에도 거대한 모습으로 판을 벌리고 있다. 말로서 상품을 선전하던 사람이 갑자기 말을 잃었다는 증언은 뭔가 우리들 삶의 현장에 관한 지극히 상징적인 징후로 풀이될 수 있다.

이런 산업사회화가 몰고온 병적 증상의 징후는 그의 「신라의 달밤」에서 다시 나타난다. 공룡과도 같은 대기업체의 광고문안 작성 책임을 지고 있는 '나'(김실장)는 사장의 과중한 업무량과 압력과 독촉으로 이 인물은 질식할 듯한 중압감에 사로잡혀 있다. 정보산업사회라는 이 삶의 마당은 온통 광고문안으로 꽉 차 있다. 그 숱하게 많은 말로 말의 본뜻을 더럽히고 있는 것이 이 시대의 진정한 모습이라는 인식 위에 서 있는 인물은 그런 험한 마당에서 아무런 두려움도 죄의식도 느끼지 않고 사는 사람들로부터 완전히 동떨어진 소외자다. '불면증으로 면도날처럼 예민해진' 주인공은 매일 밤 길거리에서 부르는 〈신라의 달밤〉 노래를 듣는다. 그러나 그처럼 분명하게 들리는 그 사나이의 노래를 함께 사는 아내조차 듣지 못한다. 아내도 그의 친구도 주인공을 향해 신경쇠약증세로 치부하여 그 병을 치유할 방법들을 생각한다. 그는 이미 가장 가까운 사이로 함께 살고 있는 아내로부터도 이해받지 못하는 국외자인 것이다. '될 수 없는 일을 되도록 만드는 것이 보람있는 일'이라는 사장의 억지 주장에 맞추기 위해 이 주인공은 끊임없이 머리를 짜내야 하고 꿈속에서조차 잃어버린 자신을 찾는 내용의 광고를 내고 있다.

작품의 한 삽화로서 들어 있는 꿈 이야기는 이 작품이 지닌 기본 속뜻을 알게 하는 중요한 몫으로 되어 있다. '동정 분실 공고'를 내놓자 동정 찾아가라는 전화를 아내가 받는다는 꿈 내용은 우리가 사는 이 사회가 어떤 방향으로 줄달음치고 있는가 하는 상징적인 언표에 다름아니다. 그가 가장 신뢰하던 친구 K가

내린 다음과 같은 진단은 의미가 깊다.

어려운 이 시대에 카피를 쓰며 사는 자네의 죄의식은 동정 분실 공고로까지 비약하지 않았나. 좀 쉽게 생각하고 쉽게 받아들이는 습관을 기르게.

쉽게 생각하고 쉽게 사는 법은 당대에 널리 유포되어 있는 주류적인 사상체계에 자신을 편입시키는 것이고, 그런 당대의 총체적인 감수성으로 자신이 지니고 있는 원칙적인 제값(사용가치)을 없애버리는 길이다. 옳고 그른 것을 따지기에는 물질문명이 만든 상품값이 너무 크게 우리들 삶을 뒤덮고 있다. 이처럼 교환가치에 의해 사용가치가 훼손된 사회에서 자신의 제값을 지닌다는 것은 정신병으로 치부되기 꼭 알맞는 형편이다. 명징한 상태에 있다고 자부하는 이 인물이 '나는 정녕 아내의 진단대로 노이로제 환자가 되어 〈신라의 달밤〉 소리마저 종국엔 환청에 지나지 않았음을 스스로 시인해야만 할 것이냐?'고 자문하는 것은 그가 산업사회에서 제값을 지니고 살고자 하다가 끝내 모든 사람들로부터 따돌림을 받는 그런 국외자일 수밖에 없다는 메시지를 전해주고 있는 것이다. 상품귀신이나 돈귀신은 섣불리 자기 가치를 지니겠다는 사람에게 영혼까지를 완전하게 바치도록 갖은 압박을 다 가한다. 그처럼 맘몬의 식욕은 왕성하다. 작품의 주인공은 이 압박에 견디다 못해 그 자신 밤거리에 나와 메밀묵장사의 외침 가락에 맞추어 〈신라의 달밤〉을 불러 제치고 있다. 교묘한 방법으로 동원한 패러디와 반어법을 써서 작가 박석수는 훼손된 산업사회에서 영혼을 잃어버린 이 시대의 허망한 삶을 진단해보이고 있다.

4 안개상황과 사회적 분노

박석수 소설집 『철조망 속 휘파람』에 수록된 여덟 편 가운데 주인공의 주거지 변경을 따르면서 우리는 이야기를 이끌어 왔다. 작가의 개인사적인 대리 인물이 자기와 세계에 대해 눈 떠 가는, 인식확대 과정의 또 한 큰 흐름 속에는 미군이라는 우방이 우리 나라에 주둔하면서 파생시킨 불협화음에 관한 눈돌림이 있다. 불협화음이라는 온건한 용어보다는 오히려 미군들의 횡포와 그 횡포를 돕는 한국인에 관한 분노심을 이 작가는 두 작품, 「철조망 속 휘파람」과 「외로운 증언」에서 드러내 보이고 있다. 쑥고개 1, 2라는 부제를 붙여 연작 형식으로 쓴 이 두 작품은 미국과 한국과의 관계를 탐구하려는 장편소설의 부분들로 보인다.

1954년도 다 저문 12월의 어느 날, 마을엔 미군 18전투폭격단이 들어서면서 동쪽 어귀 1백80만 평의 대지를 송두리째 비행장 부지로 징발했다. 아닌 밤중에 홍두깨식으로 졸지에 보상 한푼 없이 전답과 가옥을 빼앗긴 1천 가구 5천여 주민들은 항의 한번 제대로 못해보고 트랙터에 밀려 지금의 판자촌인 이곳 철조망 밖으로 밀려나오고 만 것이다.

「철조망 속 휘파람」은 위 인용에 의해 확인된 한국의 한 마을이 겪는 고통과 질곡을 그리고 있다. 이 작품은 철조망으로 둘러친 미군부대 주위를 맴돌며 새로운 형태의 생계방법으로 살아가는 한국의 힘없는 백성을 위한 일종의 고발과도 같은 소설이다. 두 작품은 미군 가운데 야비한 사람에 의해 군수물자가 빼돌려지고 주먹계의 왕초로서 철조망을 지키던 주인공 아버지(본명은 한대근이지만 별명은 돼지형)는 애매하게 죽임을 당했다는 내용을 담고 있다. 이 사건을 중심으로 해서 작가는 삶의 부조리에 관한 강렬한 증언을 내세우고 있어 보인다. 약육강식의 비정한 삶의 내용이 한국인만이 아닌 외국인으로까지 확대될 때 한국 사회가 안고 있는 또 하나의 커다란 쟁점은 비로소 우리 눈앞에 펼쳐지고 있는 셈이다.

최근에 중견작가 문순태도 「문신文身의 땅」 연작으로 보여주고자 한 우리의 우방국가 미국과의 관련 양상은 어쩌면 현재의 우리 사회로서는 금기에 속하는 내용일지도 모른다. 그러나 어떤 형태로든 우리들 삶의 여러 관련 양상은 드러나야 되고 거기에 걸린 문제점들은 명백하게 밝혀져야 할 것이다. 그런 점에서 박석수의 이 '쑥고개' 연작소설은 큰 의미를 지니고 있다. 이 작품이 아직 완결되지 않은 것으로 보이는 것은 작품 자체의 미완성 탓도 있지만 치외법권 속에 있는 미군의 비행을 정당하게 밝히기 어려운 힘의 불균형 상태가 한·미 간에 계속 유지되고 있기 때문이기도 하다. 돼지형이라 불리는 개보초의 죽음 주위에는 수많은 소매치기와 절도범, 완력패들이 얽혀 있어 그 힘센 돼지형을 누가 죽였는지 아무도 모르는 오리무중 속을 뚫고 주인공 내가 탐색하고 나서는 장면에 와서 작품은 멈추어 있다. 폐쇄된 삶의 공간, 그 위에 덧씌워 몽롱하게 내리고 있는 안개 낀 현실 상황 속에서 박석수의 선량하고도 나약한 주인공 인물은 잃어버린 땅, 잃어버린 자신을 찾는 험난하고도 외로운 탐험을 계속하게 될 것이다. 제1 주거지로부터 탈출을 시도해 홀로 서는 제2 주거지 사람이 된 이상, 그는 자기 주거지와 자신을 지키는 역할을 결코 죽기 전에는 멈추지 않을 것이기 때문이다.

소설집 『철조망 속 휘파람』 1988년 한겨례

인생의 방황과 예술혼의 개선

김대규/ 시인, 평론가

1

내가 박석수의 창작집에 해설 류의 글을 쓰는 것을 웬만한 문인들이라면 특별한 저항감을 느끼진 않으리라. 박석수와 나와의 인간관계를 알 만한 사람은 모두 잘 알고 있을 터이기 때문이다. 한데 그러한 친분관계는 내가 이 글을 쓰는 데 더 부담스럽고 어떤 책임감까지를 느끼게 한다. 사실 그 '부담스런 책임감'이라는 것은 벌써 떨쳐버렸어야 할 일종의 선배의식에서 비롯된 것일진대, 나는 거기에다가 지난 날의 〈시와 시론〉 동인 활동을 통한 동지적 형제애를 녹슨 훈장처럼 매달아놓고 아직도 소중한 가보인 양 보듬고 있는 것이다.

내게 있어 박석수라는 이름은 〈시와 시론〉 '연무동' '쑥고개' '천부적 시인'(천재라는 말을 듣기엔 그도 이젠 너무 오래 살았다)이라는 말과 동의어다. 이 네 가지 동의어 속에는 문학의 고향의식이라는 정서적 공감대가 형성된다.

정규적인 문학수업을 받지 않은 그는 〈시와 시론〉 동인회를 자신의 '문학대학교'였다고 즐겨 말한다.

박석수를 내가 처음 만난 것은 그가 고등학교 1학년 시절 시화전을 했을 때, 그 시화전을 보고 온 우리 동인 중의 한 명으로부터 꽤 괜찮은 싹수가 보이는 학생이 하나 있다는 말을 듣고서부터였다. 당시엔 〈시와 시론〉이 한국시단에 신선한 바람을 불러일으키며, 새로운 시정신으로 괄목할 만한 운동을 전개하던 1960년대 말경으로, 벌써 4반세기가 지난 일이다.

그 무렵 그는 자신의 문학적 산실인 쑥고개에서, 지금까지 보여준 천부적인 창작의 씨앗들을 가슴에 품고, 정신적인 방황의 어귀를 휘돌고 있었다.

박석수는 얼마 전에 상재된 임병호의 시집 발문에서 '나는 수원에서 학생깡패로 이름깨나 날려 매일 싸움박질만 하고 다녔으므로 학교 공부는 늘 뒷전이었다. (중략) 나는 상처입은 짐승처럼 늘 으르렁댔고, 선후배를 가리지 않고 무조건 두들겨팼으며, 교복을 입은 채 술을 엉망으로 마셔댔고, 임병호 형을 만나 희떠운 소리로 이 땅이 왜 천재를 몰라주느냐고 외쳐대기도 했다'고 회상한다.

이러한 그의 예술적 반항은 대부분의 문인들이 그들의 문학소년 시절에 한번쯤은 빠져보게 마련인 자아도취적 심성의 발로로 여겨질 수도 있겠지만, 전국학생미술실기대회에서 특선을 하고, 학생 시인으로 이목을 끌면서도 불량학생으로 퇴학을 당해, 가출을 시도하여 인천의 한 나이트클럽에서 주경야독하는 생활 끝에, 뒤늦은 고고 졸업과 함께 검정고시에 합격, 2급 준교사 자격증을 획득하는 등, 우여곡절의 청소년기를 보내면서도,

'그러면 그럴수록 나는 책만 읽었다. 철들기 전부터 외국어를 포기해버린 나로서는 남들이 원서 한 권을 읽을 동안, 그에게 뒤떨어지지 않기 위해서는 번역서 백 권을 읽어야 한다는 강박관념에 늘 시달리고 있었다. 다소의 과장법이 허용된다면, 나는 우리 나라에서 간행되어진 월간지를 제외한 거의 모든 책을 아마 다 읽었는지도 모른다. 그만큼 책에 대한 나의 허기는 거의 살의를 느낄 정도였다'(창작집 『철조망 속 휘파람』 서문)고 말하는 것을 보면, 그의 천재론은 바로 이러한 삶의 어둠과 독서 물량에서 비롯된 것이 아닐까 한다.

2

박석수는 1971년 대한일보에 시 「술래의 잠」으로, 그리고 1981년에는 『월간문학』 신인상에 소설 「신라의 달밤」이 당선된 이래 두 장르에 걸쳐 왕성한 창작활동을 전개해오고 있다.

「술래의 잠」을 처음 읽었을 때, 나는 거기서 한 천재적인 시인의 끈적끈적한 감성에, 내 자신의 그 시절을 오버랩시키고 싶은 충동을 강렬하게 느꼈다. 그것은 이론을 초월하는 어떤 본능적 욕구의 출현, 우리가 흔히 운명이라고 부르는 감정의 귀소본능 같은 정서의 향수였다.

'유년시절 연쌈에서 끊긴/ 하늘 땅땅만한 꿈의 길'을 찾아나섰다가, '내 안에서 자꾸 꺼내도/ 집히지 않는 인식의 무게'에 짓눌려, 드디어 '오만의 귀'를 닫아버리고, 대팻날이 되어 그를 문지르고 있는 비정한 도시의 일상 속에서 유폐생활을 하고 있는 한 시인의 암울한 모습이 가슴을 휘저었다.

그러나 나를 더욱 감동시킨 것은 그의 시 당선이나 작품의 예술성이 아니었다. 그것은 그의 '당선소감'이었다.

박석수는 그날, 대한일보 신춘문예 시상식을 마치고 곧장 몇몇 문우들과 함께 안양의 내게로 내려왔다. 내려왔다기보다 집으로 가던 중에 들렀을 터였겠지만, 우리는 그날 아직은 〈시와 시론〉 동인회에 입회는 하지 않은 그를 위해 한국에서는 가장 긴 축하연을 베풀어주었다. 이틀간에 걸쳤던 축하의 술자리에서 그는 문단에 데뷔한 것이 마치 무슨 도둑질이나 하다가 들킨 사람처럼 겸연쩍어했고, 당선을 사전에 연락받고 미리 써준 '당선소감'이 인쇄화되지 않은 것에 대해 계속 불만을 터뜨리고 있었다. '그때 내가 썼던 당선소감은 내 시를 뽑아준 심사위원들에 대한 불신의 표명이었다. 그러나 막상 심사를 맡았던 두 분 심사위원께서는 자신들에 대한 불신과 욕설을 발표할 수가 없었던 모양인데, 그것은 엄밀한 의미에서 예술정신에 대한 하나의 모독일 수밖에 없다는 나의 생각엔 지금도 변함이 없다'(창작집 『철조망 속 휘파람』 서문)고 그는 단정한다.

이것은 당선소감이 발표되지 않은 전무후무한 사례이기도 하겠지만, 그때 박석수가 나에게 한 말은 그 당선소감은 편지 형식의 글이었고, 그 수신자는 '김대규 형'으로 되어 있었다는 것이었다.

나는 그의 이러한 전언 속에서, 그동안의 만남을 통한 예술 정신의 동질성과 그것이 바탕이 된 동지애의 순결성에 무한한 희열과 유대감을 느꼈고, 그럼으로서 두 밤에 걸쳤던 축하연은 〈시와 시론〉 동인들의 결속력에 크나큰 동력으로 작용했던 것이다.

이러한 통과의례를 거쳐 박석수는 1972년에 〈시와 시론〉에 동인으로 입회하게 된다. 그해 6월에 발간된 26집에 그는 6편의 작품을 발표했는데, 그 가운데서도 자신의 유년시절의 자화상인 「여름 방학」이라는 시를 나는 지금도 즐겨 읽고 있다.

'아이스케키!'를 목놓아 울어도
아이들은 외갓집으로 원두막으로
혹은 멱감으러들 떠나고
텅 빈 동네 입구에는
햇살 속을 기어다니는 고요가 보였다.
십 리 길을 더 들어가
나는 방학숙제로
여름의 곡식을 채집하며 다녔다.
해질녘 집에 돌아와
오이, 마늘, 고추를 피곤처럼 풀어놓으면
어머님은 오이채에 보리밥을
눈물로 비벼주셨고

어린 동생과 나는 맛있게 먹으며
이따 밤에 반딧불을 잡으러 가기로 약속하였다.

—「여름 방학」 전문

   그는 자화상 류의 신작 6편을 발표하는 '시작노트'에서 '사회와 시간과 가정에서까지 버림받은 나의 스물두 살, 여기까지 나는 수많은 사람들을 배반하면서 살아왔습니다. 배반보다 아픈 울음을 울며 살아왔습니다. 그렇게 시의 황야를 방황했습니다'고 고백하며, 어쩌면 나는 나를 믿지 않고, 죽어 있는 생물과 살아 있는 사물을 노래한 내 시를 믿지 않는다. 그렇다. 이러한 모든 회의가 끝나는 날, 나는 비로소 한사람의 시인인 것이다라고 자신의 위상을 설정했다.

3

   '1인의 시인'-그 합성어에서 나는 이상한 울림을 듣는다.

   감성의 유아독존이랄까, 고독감의 독점의식이랄까, 아니 예술혼의 독립선언이랄까 싶은 기존질서체계와의 결별선서 같은 메시지가 그 말 속에서 강력한 파장으로 전달된다. 그렇다. 박석수는 그렇게 자신만의 시, 자신만의 문학, 자신만의 인생을 구축하기 위해 그렇게 방황했던 것이고, 이제 그는 그 가능성의 첫 발자국을 힘차게 내디딘 것이다.

   그러한 시정신으로 일관된 그의 첫 시집 『술래의 노래』(1976)

는, '일행一行의 슬픔·일어一語의 죽음·일행一行의 시詩·일인一人의 상처·일행一行의 호흡·일인一人의 시詩·일인一人의 눈물·일인一人의 사냥터·일어一語의 처녀막·일인칭一人稱의 밤과 같은 말들이 그 행간에 개성의 집을 지으려는 '일인1人의 목소리'로 가득 차 있다.

    남의 밭에서 참외를 훔쳐내듯
    그렇게
    一人의 個性,
    一人의 눈물을,
    一人의 恨,
    一人의 室,
    훔쳐낼 수는 없는 것이라고
    나는 굳게 믿고 있다.

―장시「암실시사회暗室試寫會」에서

  그는 그렇게 자신의 세계에 절대적인 신뢰와 희망을 투자했다. 그리고 우리는 그러한 박석수의 시세계와 그의 인간적 품성에 대해서 그와 똑같은 의식으로 앞날을 기대했다.
  그가 자신을 '술래'라고 명명한 사실은 두 가지 의미를 지닌다. 그것은 인생에 있어서 스스로의 삶을 찾아보겠다는 의지의 표명이요, 문학에 있어서도 자신만의 세계를 구축해보겠노라는 결의의 표방이다.

청소년기의 열병과 같은 방황을 끝내고, 사회로 나간 그에게 더 힘든 방황이 도래하게 된 것은 너무나 당연스런 업보일지도 모르겠다.

'나는 인생을 전문電文처럼 스치는/ 영혼의 불꽃/ 최후의 발음發音이고 싶다'(「연가」)고 외치며, 본격적으로 창작의 실전장으로 뛰어든 그에게 가장 먼저 악수를 청한 것은 문단과 사회의 냉엄함이었다. 자신이 시집을 발간하면 문단이 발칵 뒤집힐 것이라 굳게 믿고 있었지만, 별다른 반응이 없자 그는 비좁은 셋방에 처박혀 있던 960부나 되는 시집을 모두 불태워버리고, '다시는 시를 쓰지 않겠다'고 나에게 투덜거렸다.

이 박석수의 분서갱유야말로 그의 천의무봉스런 인성人性과 유약하기 이를 데 없는 외곬스런 시인기질을 유감없이 보여준 사건이다. 시작 포기 선언은 했지만, 그 후 얼마 되지 않아 제2시집을 간행했는데, 그 제목이 『방화放火』인 것을 보면, 작품의 경향과는 별개로, 자신의 분서焚書 행위에 대한 무의식적인 연상작용이 아니었을까 하는 생각도 해본다. 지금 『방화』는 국내 서점에서는 절판되어 구할 수 없지만, 세계 최대 도서관인 '미국의회도서관'에 소장되어 있다는 연락을 컴퓨터 자료와 함께 최근 받았다. 이 말은 그가 『문학사상』에서 나온 세 번째 시집 『쑥고개』 서문에서 밝힌 말이다.

어쨌거나 지금까지의 그의 삶과 문학을 조감할 때, 그의 시집

『술래의 노래』와 『방화』는 그의 예술의 원형질과 인생에 대한 시인으로서의 고뇌가 가장 잘 보존되어 있는 유일한 작품집이라 말할 수 있다.

4

나는 박석수가 서울 변방의 생활을 청산하고 서울로 들어가 살면서 거치게 되는 잡지 편집인으로서의 오랜 기간에 대해, 아니 더 상징적으로 말하자면 촌놈인 태생으로 서울에 가서 살겠다고 낙경落京한 것을 못마땅해한 사람이다. 하기야 우리의 문단현실에서 시골에 틀어박혀 문명을 얻은 사람은 없다. 서울에 가서 유명한 문인들과 교류도 하고, 문예지에 얼굴도 디밀어야 하고 문학단체에 입적도 하고, 또 문학행사에 기웃도 거려봐야 작품도 발표할 수 있고, 때론 상도 받게 된다. 그러한 문단구조에 일찍이 식상한 까닭에, 또 당시 〈시와 시론〉 동인회의 예술정신 가운데는 그러한 문단병폐에 대한 강렬한 저항의식이 주류를 이루고 있었던 까닭에 그의 서울생활은 내게 있어 일종의 투항이었다.

그러나 그에게는 문학보다는 생활 자체를 위한 어쩔 수 없는 몸부림이었다. 농촌잡지, 스포츠 전문지, 특정기관의 간행물 등 여러 잡지사를 전전하다가 『여원』에 몸을 담고부터 그의 서울생활은 정상궤도에 진입하는 듯 보였다. 소설가로의 변신을 시도하면서 많은 콩트와 단편, 중편들이 쏟아져 나왔다.

그러나 그의 방랑벽은 서울의 잡지계에서도 변함없이 나타났다. 『여원』『직장인』『미용생활』『소설문학』『문학사상』등 잡지 편집의 귀재로서 그의 집요한 근무자세는 드디어 그를 다시 시골로 돌아가게 만들었다. 신병치료차의 서울 탈출은 그에게 최상의 영예로운 후퇴였다. '내가 당신을 10년간 먹여 살려줬으니, 당신도 이젠 나를 한 2년간만 먹여 살려달라'고 아내에게 애원은 했지만, 그는 요양지 당진에서도 다른 때보다 더 많은 원고를 썼다.

박석수는 당시의 참담했던 상황에서 'SOS'의 발신음으로 나에게 시 한 편을 보냈다. 『한국문학』그것은 인간이 가장 외로울 때 울려낼 수 있는 가장 깨끗한 영혼의 노래였다. 자신의 어려움을 잘 알려주지 않는 그인지라, 나는 그때 그의 처지를 깊이 알지 못했고, 그러므로 해서 열일 제치고 황망히 대면해야 하는 동인애를 보여주지 못했음을 지금도 부끄러워하고 있고, 이러한 상황은 그가 다시 상경한 후 겪게 되는 입원 생활 때도 재현되어, 죽기 전까지는 그 부끄러움을 어찌 씻을 수 있을는지 못내 안타까운 심정을 계속 안고 살아가는 것이다.

나의 낯뜨거움은 에서 끝나지 않는다. 박석수는 자기에게 세 사람의 스승이 있다고 공언한다. 그 첫째가 '내 순결한 영혼의 우상'이었던 임병호 시인이고, 그 둘째가 '내 정신적 지주'였던 김대규 형님이요, 그 셋째가 '최초로 나를 믿어주신' 천승세 선생이다. 어찌 그 반열에 내가 끼이랴 싶은데도, 박석수는 그의 대표 창작집 『철조망 속 휘파람』(1988)의 서문에다 '이 책을 내 정신적 지주였던 김대규 형과 영원한 짝사랑의 소녀에게 바치고 싶다'고 썼으니, 왜 박석수는 나를 계속 울게만 했는지? 아니다. 그는 자꾸만 나를 울려야 한다. 내가 울 때마다 그에게는 문학적 경사가 있을 것이므로, 나의 눈물은 그의 순박한 인간성을 위한 대용언어의 화환이므로. '인생의 슬픔은 예술의 희열'이라고 노래한 영국의 시인은 누구였던가.

5

창작집의 해설 발문을 쓰면서 나는 너무 너스레를 폈나보다. 그러나 어쩌랴. 박석수나 나나, 우리 그 옛날의 〈시와 시론〉 동인들은 타잔이 밀림을 떠날 수 없듯, 외인부대원들이 무용담을 자랑하듯 그 시절의 그 일들을 죽기까지도 다 이야기할 수 없음을.

나는 박석수의 그 깜짝스런 콩트들을 좋아한다. 『독 안에 든 쥐』와 『분위기 있는 여자』 등 기간행된 두 권의 콩트집 어느 것을 읽어보아도 그렇게 재미있을 수가 없다. 직장인의 애환에 시원한 바람구멍을 내주고, 짜증스런 현대생활에 상큼한 새 공기를 불어넣어주는 그의 콩트들은 홈즈 탐정의 추리력과 O 헨리적인 구성적 별미를 가져다준다.

이러한 그의 매력은 유년시절에 잃어버린 어느 하늘가의 연에 대한 동경과 그에서 유발되는 문학적 상상력과의 교묘한 친

화력을 보인다.

그러나 그가 그 위트의 자세를 거두고 소설로 들어설 때면, 그의 몸짓은 아주 다르다. 철저하게 늘어붙고, 처절하게 파고든다.

박석수가 지금까지 자신의 상상력을 펼쳐온 무대는 '쑥고개'라는 고향과 서울생활이 배경이 된 '도시'라는 삶의 현장이다. 그는 체험을 하수인 삼아, 자신과 그 이웃들이 변형된 주인공을 통해서 이 땅의 어둠과 현실의 부조리에 의사가 집도를 하듯 메스를 가하려 한다.

이『쑥고개』에 실린 장편「차표 한 장」은 기지촌에서 살고 있는 두 자매의 삶을 다룬 것으로, 언니는 미군의 초상화를 그려주며 생계를 유지하고 동생은 학교를 자퇴하는 우여곡절의 삶 속에서, 6·25때 월북한 아버지 때문에 온갖 번거로움을 당하지만 기실은 얼굴 한번 본 적도 없는 빨갱이 아버지를 만나기 위해 차표 한 장을 산다는 이율배반적인 비극성이 강조된 작품이다. 이 작품이 그러한 상징성으로 끝날 수밖에 없는 것은, 지금은 누구도 평양행 차표를 살 수 없다는 사실과 상응된다 하겠다.

그러나 소설의 성패와 상관없이 이 소설이 나에게 강력하게 환기시키는 현실은, 우리의 동인 가운데 김옥기라는 여류시인(그녀는 작년에『먼 여자』라는 시집을 내어 문단의 주목을 받은 바 있다)을 모델로 하고 있다는 사실이다. 박석수는 나보다도 김옥기에 대하여 더 극진한 마음으로 따르며, 그녀의 천부적 예술성에 항상 매료되어 있었고, 그녀의 삶을 영원히 기리기 위하여 한 편의 소설을 쓰겠노라고 평소에 말해왔던 터라 이 작품이 바로 그것이라는 판단이 내게는 쉽게 내려졌던 것이다.

  박석수의 작품에는 그의 삶 속에서 얻어진 사람에의 고마움에 대한 답례의 몫이 언제나 가장 큰 부분을 차지하고 있다.

  중편 「르포군단」은 그의 「동거인」이라는 작품의 후편이랄 수 있는데, 주인공 근호가 르포대행사에 취직하여, 각종 아이디어를 개발하고 생존경쟁의 대열에서 바둥거리며 '김일성의 인터뷰도 대행해 드립니다'는 식으로 살아야 하는 현실에 환멸을 느끼고 귀향해버린다는 얘기다. 여기서 우리는 주인공의 면면에 투영된 작가 자신의 서울생활의 중압감이 그 얼마나 두려운 외압이었던가를, 그래서 그가 언젠가는 그의 영원한 고향인 쑥고개로 다시 돌아갈 것이 틀림없으리라는 예감을 갖게 한다. 그렇다. 박석수는 언제나 서울을 떠날 준비가 되어 있다. '쑥고개'라는 제목 자체가 그것을 말해주고, 그의 모든 소설들이 바로 서울에 던지는 사표인 것이다.

  단편 「누가 이 땅을 쭉정이로 만드는가」는 그 시적 제목이 암시하듯, 미군부대 주변의 벼가 밤마다 밝혀놓는 강렬한 경계불빛 때문에 제대로 영글지 못하고 쭉정이가 된다는, 다분히 현실고발적 상징성에 입각한 작품이고, 마지막으로 「고향」이라는 단편은 영문과 출신의 한 여성이 어느 곳에 가서든 한국인을 만나는 것보다 미군을 만났을 때 더 가까운 고향사람을 만난 듯한 느낌을 받는다는 내용의 풍자소설이다.

　박석수가 이러한 소설들을 통해서 우리들에게 주지시키고자 하는 것은, 그의 인생관 자체가 그러하듯 생존의 조건들에 대한 본질적인 의미규명이다. 그것은 넓게는 한국이라는 공동운명체의 현대사적 위상에 직결되는 문제이며, 좁게는 현대인 개체마다에 언제나 야기될 수 있는 내적 갈등에 대한 인간적인 연민이다.

　박석수는 자신이 창출해낸 등장인물들에 대해서 언제나 따듯한 체온으로 감싼다. 그는 항상 자신의 삶이 무슨 부정입학생이나 되는 것처럼 반성하고 회오한다. 그리고 그러한 번뇌의 질료들을 소설 속에 투여함으로써, 거기서 다시 한번 태어나는 자신의 모습을 보고자 하는 것이다.

　그렇다. 박석수는 자꾸만 다시 태어나려고 한다.

　이제 와서 되돌아보면 그의 잦았던 이사, 자기 학대의 결과로서의 신병들, 직장 바꾸기, 그리고 보따리를 싸는 것과 유사한 작품집 출간 등, 일련의 인생살이가 '쑥고개'를 축으로 하는 다시 태어남을 위한 몸짓이었구나 하는 각성에 이르게 된다.

6

　「1인칭의 어둠」을 통하여, 이 땅의 빛과 인생의 밝음을 함께 획득하고자 하는 박석수의 문학적 노력을 문학사는 어떻게 기록할지 아직은 미지수다. 그러나 한 가지 분명한 것은 조국의 현실과 예술에 대해서 그만큼 순수한 정열로 고뇌하고 사랑을 쏟은 문학인도 드물다고 하는 사실이다.

한국시단에 조숙한 술래로 등장하여 이제는 불혹의 보헤미안이 된 그에게, 나는 다만 우리가 처음 만났을 때 도원결의하듯 되뇌이었던 '뮤즈에의 헌신' 즉 예술에서만의 승리라는 영원한 과제를 다시 한번 소리치고 싶다.

돌아보는 4반세기, 그 멀고도 험했던 길. 그러나 엊그제 같은 지난 날들. 우리의 센티멘털리즘은 인간성에의 향수이고, 우리의 추억은 순수에의 동병상련이 아닌가.

짧지 않은 이 글을 마감하노라니, 내게는 그것이 마치 박석수에게 이별인사를 하는 것이거나 한 것처럼 아쉽기 그지없다.

'아, 나는 왜 이렇게도 길게 썼을까? 이 사신私信의 공개 같은 글로써 나는 무엇을 원했던가.

'박석수―그는 천재天才다라고만 쓰는 것이 오히려 더 많은 이야기를 하는 것이 아니었을까?'

이것은 그의 첫 시집 『술래의 노래』에 내가 썼던 「박석수의 인간과 문학」이라는 글의 맨 마지막 부분이다. 이 글을 여기 다시 마지막 문장으로 인용하는 것은, 우리는 소중한 옛날이 있었다는 것이고, 더 바라기는 그 옛날의 순수했던 정열로 문학과 인생을 새롭게 다시 시작해보자는 의식의 언약을 위해서다.

옛날 술좌석에서 박석수는 나를 보고 '한국 시단의 예수'라 부르곤 했다. 그렇다면, 나의 제자여, 그대는 정말 오래오래 살아야 한다.

그리고 쑥고개 보헤미안이여, 그대의 귀향은 예술혼의 개선일진저!

소설 『쑥고개』 1993년 이가책

콩트의 정도와 정수

이래수/ 문학평론가

1 콩트의 정의

우리의 문학풍토에서, 콩트는 제대로 평가받지 못하고, 매우 소홀하게 취급되고 있는 것 같다.

우선 발표 지면만 보아도 그렇다. 문학 전문지들이 콩트를 게재하는 경우는 매우 드물다. 어쩌다 휴가철 무렵에 납량특집의 일부로 양념처럼 끼워지는 것이 고작이다. 그렇게 때문에 콩트의 발표 지면은 정규의 문단권을 벗어나 각 기업체의 홍보매체나, 이와 유사한 여타의 출판매체에 의존하는 것이 대부분이다.

이럴 경우, 발표 지면의 성격 때문에 거기 발표된 작품들은 어쩔 수 없이 일회성, 또는 소모성을 벗어나기 어렵게 된다. 또 이렇게나마 발표된 작품을 단행본으로 정리하는 경우도 많지 않아, 자연 콩트는 비평의 대상에서 제외될 수밖에 없게 된다.

그러나 콩트가 이처럼 소홀히 취급되는 것을, 전적으로 발표 지면과 관련해서만 생각할 수는 없는 일이다. 그보다도 그 책임의 대부분이 작가들 쪽에 있지 않을까 하는 것이 필자의 생각이다. 우리의 경우, 콩트는 대부분 기교에만 중점을 두었지 그것이 지녀야 될 가치가 부족한 것이 아닌가, 그래서 상당수의 작품이 소모품처럼 버려져도 별로 잘못된 것이 없는 수준의 것이 아닌가 생각되는데 이것은 필자만의 독단이 아닐 것으로 믿어진다.

물론, 콩트는 어디까지나 단편소설의 범주에 속하는 것이며, 그것 자체가 독자적인 소설 장르일 수 없다. 그러나 콩트는 본격적인 단편소설과는 구별되는 그것 나름의 내용적 형식적 특질을 지닌다. 이 특질이 본격적으로 발휘될 때, 콩트는 그 존재 가치를 인정받을 수 있으며, 오늘의 우리 작단은 이 부분에 대하여 반성과 인식을 새롭게 하여야 마땅한 일이라고 생각된다.

2 콩트의 정도와 정수

박석수의 콩트집에는 도합 마흔 편의 작품이 수록되어 있다. 박석수는 필자가 알기에 드물게 볼 수 있는 재능을 지닌 작가이다. 그는 처음에는 시를 쓰다가 중도에 소설로 방향을 바꿀 만큼 자기 문학에 대한 승부욕도 남다른 바 있다. 또 최근에는 지방에 칩거하면서 건강을 돌보았는 바, 그것이 그에게는 자기 문학의 재정비를 위한 준비와 온축의 기간이었던 것 같다. 금년들어 「동거인」 「우렁이와 거머리」 등 문제 중편을 잇따라 발표한 것이 그런 사실을 뒷받침해주고 있다.

이번 콩트집에 수록된 작품들을 읽어볼 때 박석수의 작품은 콩트의 정도와 정수를 보여주는 것이라고 보아진다. 이 작품들은 콩트가, 그저 단편에 비하여 미니 스타일이라고만 보는 소박한 인식을 불식시키기에 충분할 만큼 콩트다운 점을 고루 갖추고 있을 뿐 아니라, 콩트가 문학으로 존립할 수 있는 작품적 가치를 탄탄하게 지니고 있다. 다시 말하면 이 작품들은 문학적 가치보다는 기교에 집착하여온 우리 콩트의 일반적인 흐름을 지양하고, 그 두 요소를 조화시킴으로써 콩트의 바람직한 방향을 구현하고 있는 것이다. 이 작품들은 콩트의 내용적 특질로 요구되는 착상의 기발함, 순간적인 모멘트의 포착, 풍자와 기지 등을 골고루 보여줌은 물론, 그 형식적 특질로서 요구되는 날카로운 비판력과 압축된 구성, 그리고 서프라이스 엔딩 등의 기법을 유감 없이 발휘하고 있기 때문이다.

또 작품마다 촌철살인 식의 섬광과 같은 메시지가 담겨 있어, 이 작품들은 잠시의 위안으로 그쳐버리고 마는 소모성 작품이기를 강하게 거부하고 있다.

이 모든 것이 박석수의 진지한 작가정신에 뒷받침되어 가능했을 것은 재언의 여지가 없는 일이겠다.

이제 작품을 구체적으로 살펴보기로 하자. 여기 수록된 작품을 내용에 따라 분류하면 다음과 같이 A, B, C군으로 나눌 수 있는 것이다.

A군 : 어떤 데이트, 피곤한 남자, 독 안에 든 쥐, 이유, 마지막 데이트

B군 : 탈복식, 파도타기, 토큰의 무게, 대화와 수화, 사표의 이

유, 우리들의 깡술

C군 : 북두칠성은 아름답다, 안녕히 주무세요, 소설 이외수, 새벽바람, 회귀回歸, 흙냄새는 누가 맡는가, 오해

  A군의 작품들은 주로, 시추에이션을 연애심리 쪽에 설정하여 섬세한 심리의 움직임을 순간적으로 포착하여 효과를 거두고 있는 작품들이었다.

「어떤 데이트」는 기승전결이 정석대로 이루어진 작품이다. 주방장인 주인공이 하루 종일 주방에서 실수를 거듭하는 데서 시작하여, 그런 실수를 하게 된 연유가 펜팔로 사귄 애인을 만나게 된 때문이라는 것이 부연 설명되고, 이어 순탄하게 애인과 만나게 되는 과정이 무리 없이 전개된다. 그러나 결말에 가서 독자의 예상을 뒤엎고, 주인공은 그렇게도 열심히 준비한, 사랑에 관한 명언을 애인에게 말하지 못하고 어처구니없는 실수만 되풀이하게 된다. 주인공은 차에서 내려 서두른 나머지 쓰리꾼에게 주머니를 몽땅 털려, 제 정신을 수습할 수 없을 만큼 당황했던 때문이다. 이런 의외의 결말 때문에 부담 없는 웃음이 유발되는 작품이다.

「피곤한 남자」, 「이유」는 여성 심리를 날카롭게 포착하여 형상화한 작품이다. 이 두 작품은 모두 여주인공 스스로가 내레이터가 되어 자기 고백을 하는 형식으로 되어 있다.

「피곤한 남자」의 경우, 여주인공은 데이트 중인 남자와 결혼

할 의사가 없는데, 그것을 어머니에게 분명하게 설명할 수가 없다.

나는 그 이유를 설명할 수가 없었다. 그 사건을 어떻게 말로 설명할 수 있단 말인가. 설혹 설명이 되어진다 하더라도 그것은 어머니가 남들에게 결혼을 파기할 만한 충분한 이유로는 납득되어지지 않을 것임에 분명했다.

그 사건이란 무엇인가. 그것은 둘 사이의 분위기가 무르익어 정사를 치르려하기 직전, 여자에게 어디 아프냐고 물으면서 약을 사온, 사내의 쑥맥스런 짓을 두고 말하는 것이다. 여주인공은 어머니와의 대화를 통해서 그 남자와 결혼할 수 없는 분명한 이유를 깨닫게 되는데, 그것은 그가 피곤한 남자라는 때문이며, 그것을 인식하는 데서 작품이 마무리된다.

「이유」 역시 여주인공이 일단 결혼을 결심했다가 그것을 다시 파기하게 되는 과정을 통해서 여성 심리의 한 국면을 형상화한 작품이다. 여주인공은 서독에 파견되어 있는 간호사이다. 그녀는 귀국하여 맞선을 보았으나 상대가 이렇다 하게 끌리는 데가 없어 선뜻 결혼을 결심하지 못한다. 그러나 사내의 끈덕진 구애를 받게 되자 그녀는 심경의 변화를 일으킨다. 사내의 얼굴에 우직하고 저돌적인 사랑이 스며 있는 것이라고 생각되기에 이른 것이다. 그래서 결혼을 결심하고 귀국했으나 사내는 그 곰보자국을 성형수술로 지워버려, 여주인공은 다시 사내로부터 떠나게 된다는 이야기이다.

얼핏 결말이 당돌한 것 같으나, 여주인공의 심리의 움직임이 충분할 만큼 형상화되었기 때문에 독자를 설득하는 데도 무리가 없었다고 보아진다.

「마지막 데이트」 역시 여성의 심리적 기복을 다루고 있고, 반전의 묘미를 살리고 있는 점에서 위의 두 작품과 같은 맥락으로 이해하여 좋은 작품이다.

「독 안에 든 쥐」는 바람둥이 주인공이, 사귀는 여자를 유혹하여 외딴 섬에 데리고 갔으나 정작 도착해보니 2년 전에 같은 방식으로 유혹했던 여자가 아기를 키우면서 기다리는 바람에 거꾸로 자기가 독 안에 든 쥐꼴이 되어버린다는 내용이다.

이 작품은 제목에서부터 아이러니가 유발됨은 물론, 재미 있으면서도 그것으로 끝나지 않은 여운이 남는다. 그것은 깊이 내재된 메시지가 주는 효과 때문이라고 생각된다. 콩트의 정도와 정수를 보여주는 좋은 작품이다.

B군의 작품들은 직장인들의 생태와 직장생활의 애환을 주로 다룬 작품들이다. 이 작품들의 분위기는 표면적으로는 해학적이나 이면은 그렇지 않다. 직장 분위기의 비정함, 조직체의 일원으로서 개인이 겪게 되는 갈등 등이 바탕에 깔려 있기 때문이다. 「파도타기」의 주인공은 실장이 요구하는 정력제 광고 문안을 쓰지 못하여 사표를 내게 되며, 그 위에 엎친 데 덮친 격

으로 부인으로부터는 무력하다는 이유로 이혼을 강요당하기까지 한다.

또 「대화와 수화」의 주인공인 운전수는 상가 고객인 버스 승객과 대화를 해서는 안 된다는 회사 전무의 요구 때문에 모처럼 옛 애인을 만났는데도 벙어리 행세를 할 수밖에 없는 정황을 보여준다. 그밖에 「탈복식」이나 「토큰의 무게」에서 보게 되는 것도 직장과 가정에서 시달리면서 어렵게 살아가는 직장인들의 왜소해빠진 모습이며, 그것은 바로 오늘을 살아가는 생활인 모두의 모습이기 때문에 진한 공감을 느끼게 된다.

박석수의 콩트가 지닌 매력과 진가는 바로 이런 데에 있다. 독자를 흡인하는 미학적 장치를 고루 갖추어 재미있으면서도 독자에게 정문일침식의 충격을 남겨주는 것이다. 이런 점에서 박석수의 콩트는 요즈음 흔히 볼 수 있는, 재미 일변도에 그치고 마는 밋밋한 작품들과는 차원을 달리하고 있다.

C군의 작품들은 가정생활, 부부생활의 애환을 주로 다룬 작품들이다. 이 작품들에서는 대체로 남편의 독선과 횡포 때문에 괴로움을 겪는 아내상이 그려지고 있다.

「새벽 바람」은 남편의 배신에 괴로워하면서 방황하는 아내상을 형상화하고 있다. 여주인공 수연은 매우 헌신적인 아내이다. 전화교환원인 그녀는 실업자였던 남편과 결혼하여 남편이 입신할 수 있도록 정성을 쏟았다. 그러기 위해서는 직장에 계속 다닐 수밖에 없었고, 그 때문에 낙태수술한 것이 잘못되어 그녀는 아이를 가질 수 없게 된다. 이제는 안정을 얻게 된 남편은 그것을 기화로 터놓고 외도를 하고, 여기에 충격을 받은 주인공 역시 충동적으로 실행을 하게 된다는 것이 대강의 줄거리이다. 이 작품은 소재에 걸맞게 착 가라앉은 톤으로 말하고 있어 메시지의 무게를 더하고 있다.

「북두칠성은 아름답다」는 아주 흔한 소재이다. 딸 많은 가정에서 아들을 기대하며 또 아이를 낳았으나 다시 딸을, 그것도 쌍둥이를 낳게 되었다는 이야기다. 아내 아닌 여자에게 아이를 낳게 하는 대목에서 도덕적 저항감이 느껴지나, 주인공에 대한 적절한 성격창조, 부인물의 활용, 그리고 적절한 뒷마무리 등을 통하여 이 문제를 무리 없이 처리하고 있다.

「안녕히 주무세요」 역시 남편의 횡포-그것은 남편이 도박에 깊이 빠지는 일인데-때문에 아내가 시달리는 정황을 다루고 있는데 코믹터치라서 부담 없이 읽히는 작품이다.

「소설 이외수」는 이른바 실명소설이다. 주인공의 기행과, 그런 일에 시달리면서도 주인공을 이해하고 따뜻하게 감싸주는 아내상을 전화를 매체로 하여 생동감 있게 그린 작품이다.

이밖에 「흙냄새는 누가 맡는가」, 「회귀回歸」 등이 작품은 소재면에서 앞의 작품들과는 성격을 달리하는 작품들이다. 이 두 작품은 작정 없이 서울로 왔다가 좌절하고 마는 시골 청년의 실패담을 다루고 있다. 두 작품 모두 건실한 결말이 공감되며, 그런 결말을 이끌어가는 과정 역시 무리가 없어 보인다.

「오해」 역시 흔한 소재이나 그것을 처리한 솜씨가 산뜻하다. 서프라이즈엔딩의 효과를 십분 살린 작품이다.

3 발상의 참신함과 반전反轉

박석수의 콩트는 거의 예외 없이 재미있게 읽힌다. 그 재미의 비결은 어디에 있는 것일까. 그것은 그의 콩트가 발상의 참신함과 함께 콩트가 지닌 형식적 특질을 십분 발휘하는 데서 빚어진 결과라고 생각된다. 가령, 서프라이즈엔딩의 효과만 해도 그렇다. 그의 작품에서 대부분 결말이 의외의 방향으로 반전되는데, 그것이 독자를 놀라게는 할지언정, 납득할 수 없게 하는 경우는 거의 없다. 그런 결말을 이끌어내기 위한 세심한 장치와 배려가 뒷받침되어 있기 때문이다.

그의 작품은 이밖에도 빠르면서도 가벼운 플롯의 전개 방식이라든가, 해학적인 필치, 간결함 등 여러 면에서 콩트다움을 잘 살리고 있다.

결론적으로 박석수는 이 작품들을 통하여 콩트의 정도와 정수를 보여주었음은 물론, 이를 통하여 콩트의 문학적 가치를 실증적으로 과시하는 데 성공했다고 말할 수 있겠다.

콩트집 『소설 이외수』 1994년 도서출판 술래

'짧은 소설' 속에 담긴 번뜩이는 지혜

김승옥/ 고려대 교수. 문학평론가

1 콩트의 정의

한국문학에서 '짧은 소설'(콩트)은 아직 완전히 정착하고 있지 않은 듯하다. 우선 프랑스 말인 '콩트'라는 말의 적당한 우리 말이 아직 없다. 이 장르는 오히려 독일문학에 나타난 용어와 유사한 점이 많다. 독일문화권에서는 쿠르츠 게쉬히테 Kurzgeschichte, 우리말로 한다면 단편소설이라고 번역해야 되겠지만, 우리의 단편소설에 해당하는 에어룽Erzählung 혹은 노벨레 Novelle라는 것이 있어, 그렇게 부를 수도 없다. 어떤 사람은 이 쿠르츠 게쉬히테를 손바닥만 한 크기의 소설이라고 장편소설掌篇小說이라고 부르기도 한다. 아마도 일본말의 수입인지도 모른다. '콩트'라는 장르도 우리가 지금 흔히 읽고 있는 종류의 콩트와는 차이가 있다. 콩트라고 부르는 것이 옳다고 생각되지만 아직 정착되어 있지는 않았으므로 여기서는 '콩트'라고 부르기로 한다.

우리 나라에서 요즈음 특히 이 장르의 작품이 많이 생산되는 것은 다른 나라와는 좀 다른 환경 조건에서 오는 것 같다. 한국의 수출 러시는 많은 회사에서 경제적인 성공과 함께 자기 회사를 홍보할 목적과 사원들의 소식을 알리기 위하여 사보를 제작하기 시작하였으며, 여기에 초대 손님으로서 으레 한 페이지 혹은 두 페이지 짜리의 콩트를 게재하는 것이 보편적인 편집 방법이 되어버렸다. 이제는 일간 신문에서조차 주말판에는 이 콩트를 하나씩 싣는 것이 습관이 되었고, 한국에서 이 장르의 생산량은 굉장한 양에 달하리라 추측된다. 한국 문단에서는 풍요로워서 콩트가 많이 나오는 것과는 반대로 독일의 경우 '짧은 소설'의 발전은 그 환경 여건이 아주 반대인 조건 하에서 성립하였다. 전후 경제 사정이 좋지 않은 시기에 출판계가 아직 제자리에 들어서지 않았고 한 권의 장편 혹은 단편소설을 출판할 경제적 여유가 없을 때 작가와 편집자들은 지면이 작은 일간지나 잡지의 한 구석을 빌려 이런 유의 소설을 발표하기 시작하였고 대단한 인기를 끌었었다.

그러나 외국에서도 그렇지만 한국에서도 작품의 질은 천차만별이라고 볼 수 있다. 이것은 쓰는 사람도, 읽는 사람도 큰 기대를 갖지 않고 가볍게 쓰고 가볍게 읽는 것이 습관화되어버린 때문일지도 모른다. 그러나 쓰는 사람도 읽는 사람도 이 '콩트'의 생명은 종반부에서의 상상을 뛰어넘는 반전反轉에 있다고 생각된다. 이 기대하지 않던 반전의 기술이야말로 작가에게는 재주에 속하고, 독자들에는 재미에 속한다. 우리는 아직 이 방면에 본격적인 논의가 이루어지지 않고 있으나 외국에서는 많은 책이 나와 있다.

2 편지를 쓰지 않고는 못 견딜 재미

콩트의 정수를 박석수는 이미 그의 첫 번째 작품인 『독 안에 든 쥐』에서 보여준 바가 있다. 그 당시 얼마나 재미있었던지 필자는 특별히 그에게 개인적인 편지를 썼던 것을 기억하고 있다.

콩트의 특징은 여러 가지 있지만 그중에도 앞에서 말한 반전으로 독자가 전혀 상상하지 못하였던 방향으로 결론을 맺는 것이다. 그런데 작가가 의도적으로 이끌어낸 이 종반의 결론은 대개가 인간의 삶의 단편을 예리하게 파헤치며 보여주는 것이다.

콩트에는 몇 가지 특징적인 종류가 두드러지게 나타나는데 박석수의 이 작품집에서도 그 특징적 유형이 잘 나타나 있다. 그것을 크게 두 가지로 나누어볼 수 있는데 하나는 긍정적인 인간의 따뜻한 휴머니즘이요, 다른 하나는 인간의 치사한 면인 천박성이다. 대개의 경우 콩트는 긍정적인 결론이 많다. 즉 해피앤드이다. 긍정적인 끝을 맺고 있는 것이다. 「지상에서 가장 아름다운 눈빛」, 「목욕탕과 수증기」, 「미역국 끓이는 법」 등등이다.

「목욕탕과 수증기」는 콩트의 진면목을 보여주는 작품이다. 주인공 선구가 목욕탕에서 무례한 중년을 꾸짖고, 그와 언쟁을 하는 것은 독자의 독서 습관에서도 으레 오는 사건의 진전이며 또 당연한 것이기도 하다. 그러나 바로 그 무례한 중년이 회사의 이권을 손에 쥔 관공서의 국장이라는 것에서 주인공 선구만이 아니라 독자도 "이거 큰일이구나" 하는 생각을 하지만 작가는 이 독자들의 예상을 역습하여 그가 오히려 "내가 다른 사람은 못 믿어도 자네만은 믿을 수 있네. 목욕탕 안에서 공중도덕을 강조하던 그 용기 말일세. 이번 일은 자네 회사에 한번 맡겨보도록 하겠네" 하고 선구 회사가 일을 맡도록 도와주는 구원의 인물로 되는 것이다. 이런 반전을 위하여 작가는 물론 아무리 작은 소설의 공간 속이라고 하여도 마련하여 놓고 있다. 회사 상사가 설명하는 그 국장이 청렴한 사람이라는 것이다. 그러나 어떻든 반전된 상황은 읽는 사람으로 하여금 우리의 삶을 긍정적으로 이끌어갈 수 있는 교훈을 주는 것이며, 황량한 현실에서 살맛 잃은 독자에게 짧은 순간이나마 청량제를 마신 것과 같은 효과를 나타내어 무의식 속에서 삶의 용기를 주게 되는 효과를 나타낸다.

부정적인 관찰에서 의외의 긍정적인 삶의 관찰로 돌아오게 하는 것은 「지상에서 가장 아름다운 눈빛」에서도 나타난다. 여성들은 이름 없는 무명의 대중의 한가운데서 일상적인 삶의 천박성을 치한들로부터 겪는다. 미영은 한 남성으로부터의 눈길이 '자기의 몸에 끈적끈적하게 달라붙고 있음'을 느끼지만 그 느낌은 손수건이라는 하나의 매개체를 통해 눈길의 주인공이 애처가라는 사실이 알려지면서 신선감으로 반전된다. 이 손수건은 단편소설에서 소위 '매의 이론'과 같은 역할을 하기도 하지만 역시 짧은 소설에서의 특유의 역할이다. 「이혼과 가스보일러」에서는 남편의 평소와 다른 행동에 의심을 품었고, 더구나 보너스를 가져오지 않는 것에 의심한 아내가 보일러를 사오는 것에 감동한다는 이야기이다. 콩트에서는 일반적으로 상대방의 의심을 사는 사건들을 일으키고 그것이 점점 상승작용을 하다가 나중에는 그것이 서로의 오해에서 왔다는 것을 보여주어 반전시키는 경우가 많으며 특히 남녀간의 성의 문제, 부부간의 불신이 파탄 직전까지 이르다가 반전시키어 행복한 결말을 이끌어내는 경우를 많이 사용하고 있다. 「두 집 살림」이 그러하다.

두 번째 범주에 속하는 작품의 부류로서는 인간의 천박성을 드러내는 것으로 「재벌 2세」와 「분위기 있는 여자」를 들 수 있다. 「재벌 2세」에서 자신의 처지와 위치를 생각하지 않고 사회적 상승을 위하여 겉으로만 꾸며서 실현해보려는 두 남녀의 행동은 가식적인 현대인의 단면을 보여준다. 다른 친구들과 함께 자취를 하면서도 늘 일류 백화점에 가는 이유와, 자동차 정비공이면서도 재벌 2세로 행세하기 위하여 남의 차를 빌려 타는 청년은 우리로 하여금 저절로 쓴웃음을 자아내도록 한다. 「분위기 있는 여자」에서 가식의 인물이기는 하되 남을 속이는 것이 밉지 않고 오히려 연민을 느끼게 하는 미애는 사물의 분수를 모르는 여자의 이야기이다. 사랑하는 사람을 얻기 위하여 남자들끼리 말하는 소위 '분위기 있는 여자'이고 싶어하는 순박한, 그러나 사람의 행동의 규칙을 모르고 흉내만 내려는 현대인을 비웃는 내용이다. 모방이 창조에 이르는 길이라고 하지만 현대인은 자기의 몸에 맞는지 안 맞는지 생각하지 않고 무조건 남을 따라하려는 부화뇌동附和雷同하면서 살아가는 사람들이 대부분일 것이다. 이러한 요소를 보이고 싶었던 것이 아닐는지. 우리는 너무나 남의 것에만 따라하는 독립성이 없는, 물결 흐르는 대로 흘러가는 군중 속에 이름 없는 하나의 낙엽 같은 인간이 되어버렸다. 모두가 개성이 있듯이 행동하지만 사실 미애와 다를 것이 무엇이 있을까. 우리는 일상생활에서 언어 구사, 의복의 사용, 걸음걸이까지 너무나 대중적인 유행에 휩쓸리고 있는 것이 아닌지….

세 번째의 유형은 사회를 희화적戱畫的으로 꼬집는 해학성이다. 콩트의 특징에서 중요한 점이기도 한 이 역할은 사회에 메스를 대어, 우리들의 속물근성과 자기중심, 파렴치한 생활태도 등을 백일하에 드러내놓는다. 여기에 속한 작품이 「커다란 희생」과 「어떤 깨달음」이라고 할 수 있다. 「고향」, 「누가 이 땅을 쭉정이로 만드는가」에서도 사회의 폐해를 말하고 있다. 그러나 이것은 비웃음을 입가에 담은 비꼬는 투의 작품이 아니라 진지성을 지니고 심각한 문제성을 우리에게 던지는 것이다. 「커다란 희생」과 「어떤 깨달음」은 독립적이지만 실은 전후가 연결되는 작품으로서 유명한 시인이 사사한다는 미명 하에 남의 작품을 한 글자도 고치지 않고 가로채는, '시인'이라고 볼 수 없는 몰염치를 보여주고, 그에게 당하는 김만복 씨의 순진성에 독자들은 그에게도 책임이 있다고 생각하도록 한다. 진지한 콩트인 「누가 이 땅을 쭉정이로 만드는가」와 「고향」은 그의 창작집 『철조망 속 휘파람』과 같은 분위기의 작품이다. 전쟁으로 인한 외국 군인들의 주둔에서 오는 한국 고유의 가치관의 상실과 도의적 타락, 한국이라는 동질성의 상실들이 벼가 익지 못하고 쭉정이로 된다는 비유로 우리 의식 속에서 허물어져가는 것들을 상징적으로 나타내고 있다.

네 번째의 유형으로는 실수담이다. 우리가 살아가면서 실수하는 것은 정상에 속한다고 볼 수 있다. 「두 번째 사건」이 이러한 종류에 속한다. 주인공인 김일동 씨가 실내화를 신고 가서 엉겁결에 남의 구두를 신고는 오히려 음식점 주인에게 큰소리를 친다. 자기의 실수를 전혀 생각지도 않고 있다가 결국은 자기의 잘못이 만천하에 드러나면서 남의 웃음거리가 되는 것이다. 작품 속에서 실수담은 평범한 인물이 만들어 내는 실수담과 언제나 완전한 인간인 척하며 살고 있는 인간형의 실수담이지만 여기서는 장삼이사張三李四의 평범한 인간이 등장하고 있다. 완전한 인간이 주인공일 때는 그 완전성의 허구를 어처구니없는 실수로 무참히 헐어버리는 방법으로, 독자들에게 카타르시스를 주는 방법이다. 이 소설집에는 실수하는 주인공들이 많이 나와 있지 않으나 박석수의 장기에 속한다. 「예쁜 남자」에서도 이런 수법이 조금은 나타나 있다. 이 작품은 인간 심리의 예리한 관찰력이 돋보이는 작품이다.

3 탁월한 유머 감각

콩트의 특징으로는 유머가 들어 있다는 점이다. 그러므로 콩트의 작가는 유머 감각이 탁월해야 한다. 우리가 읽고 있는 거의 대부분의 작품의 생명은 유머에 있다. 박석수의 언어적 구사는 이미 시인으로서 닦은 실력이기에 잘 알려져 있다. 예컨대 '물 밖으로 고개만 내놓고 세월아 네월아 하고 있었고' 한다던가, '툭하면 특근이고, 뻑하면 야근이고, 심심하면 철야니…' 등등 이런 표현법이 도처에서 발견된다. 이와 동시에 그의 작품에서의 유머는 웃기는 언어나 행동에서 기인하는 것도 사실이지만 단어의 선택이나 토씨 하나에도 들어 있다. 예컨대 주인공의 이름에 존칭을 붙이지만 결코 존경하기 때문에 붙는 것이 아니다. 김만복이 아니라 '김만복 씨'이며, '김일동 씨'라고 하는 것이 그렇다.

이 작품집에 등장하는 인물은 대개 서민층으로서 특히 출판사나 잡지사에 근무하는 사람이 대부분이다. 아내를 사랑하고, 가정적이지만 밖으로 드러내지 않으며, 유머를 잃지 않고, 생활에 충실한 그러나 풍족한 생활을 하지 못하여 늘 돈에 쪼들리는 전형적인 한국인이다. 비록 사기꾼일지라도 그에게 연민의 정을 느끼도록 우리와 친숙한 이웃이고 우리의 동기간들이듯이 인간미가 있다. 그 이유는 작가의 훌륭한 묘사에서 오는 주인공의 창의력 때문이라고 생각된다.

우리는 긴 시간의 여유가 있을 때는 대하소설이나 장편을 읽어야 되겠지만, 현대의 바쁜 와중에서 시간이 없다고 탄식만 할 것이 아니라 이런 짧은 소설을 틈틈이 읽어 생활의 청량제로 삼는 것이 어떨까 생각하여본다. 전철에서, 약속 시간에 먼저 도착하였을 때, 어떤 창구에서 차례를 기다릴 때 초조하게 살기보다는 작은 책 하나를 펴들고 읽는다면 자투리 시간이지만 삶은 생각하는 순간들로 이어질 것이다. 그런 종류의 책으로 이 책은 아주 좋은 동반자가 될 것이다.

콩트집 『소설 이외수』 1994년 도서출판 술래

쑥고개의 비가悲歌
― 박석수론

우대식/ 시인

    박석수 시인은 1949년 경기도 평택군 송탄면 지산리 805번지에서 출생하였다. 지금의 송탄터미널 건너편 새로 난 소방도로에 접한 그의 생가는 아직 그대로 남아 있다. 박석수 시인은 현대시사에서 송탄, 나아가 평택을 대표하는 시인이자 소설가라 할 수 있다. 한국전쟁 이후 한반도 몇몇 곳에 상처처럼 남겨진 기지촌의 문제를 이처럼 정면으로 다룬 작가는 찾아보기 힘들다. 일반적으로 기지촌의 문제를 경기 북부 즉, 파주와 문산 중심으로 생각해온 것이 사실이고, 평택이나 송탄이 안고 있는 상처는 근간의 대추리가 쟁점화되기 전까지는 깊숙이 숨어 있었다. 그러나 표면화되지 않았다고 해서 문제가 없는 것이 아니다. 동시대에서 한 자아가 역사적 문제를 짚어낸다는 것이 얼마나 어려운가를 단적으로 보여주는 일이기도 하다. 그 점에서 박석수 시인은 본능적으로 기지촌의 문제를 간파했다고 할 수 있다. 이러한 문인을 고향에서조차 제대로 기억하지 못한다는 사실은 어쩌면 우리 시대의 열악한 문화적 지형도라 해도 무방할 터이다.

    그의 아버지를 비롯한 가족들의 한 생은 말 그대로 콩나물을

기르는 것이라도 해도 좋을 만큼 식구들이 매달려 콩나물사업
에 전념하였다.

    아버지 말씀처럼 콩나물을 기르는 것이 우리의 땀과 정성이
라고 한다면, 별을 기르는 것은 무엇일까. 무엇이 저 아름다운
새벽별을 키우는 것일까. 파란 콩알을 콩나물통 속에 묻어두고
땀과 정성의 펌프물을 주면 일주일 만에 예쁜 콩나물이 되듯이,
조그만 말들도 가슴 속에 묻어두고 땀과 정성을 기울여 물 주고
자꾸 물 주고 자꾸 눈물을 주면, 저렇게 예쁜 별, 저렇게 빛나는
새벽별이 될 수 있을까. 나는 펌프질을 멈출 수 없었다. 잠시라
도 펌프질을 멈추기만 하면 곧 아버지의 호통 소리가 공장 밖으
로 튀어나올 것이 분명했으므로, 나는 쉴 사이 없이 별을 쳐다보
며 쓰려오는 손바닥의 아픔을 참고 있었다.
─소설 「동거인同居人」 부분

콩나물을 기르는 것이 그의 현실이라면 별은 그의 이상이라
할 수 있다. 펌프물을 켜 올려 콩나물을 키우듯 그는 별을 기르
고자 했다. 그가 키우고자 한 별은 '조그마한 말' 바로 그것이었
다. 말에 정성들여 '빛나는 새벽별'이 되게 하고자 하는 그 의지
는 바로 문학에 대한 열정으로 치환될 수 있을 것이다. 현실과
이상 사이에서 괴로워했을 박석수 시인의 모습을 떠올리는 것
은 그리 어려운 일이 아니다.

그는 학창시절을 주로 수원에서 보내게 된다. 수원북중과 삼일상고를 거치면서 그가 보낸 문학소년 시절은 찬란하고도 험한 것이었다. 1960~70년대 천재 문학소년들이 대개 그러하듯 문학에 대한 열렬한 지향과 더불어 정신적 조숙이 가져다준 방황으로 혼돈의 세월을 보내게 된다. 그는 어린 시절부터 수원의 여러 시인들과 교류를 하며 보냈다. 수원의 임병호 시인은 그의 고등학교 시절을 비교적 소상히 알고 있다. 아직도 남아 있는 수원의 화홍문화제 백일장에 임병호 시인이 심사위원으로 참여하면서 두 사람의 인연은 시작되었다. 당시 고등학생이었던 박석수 시인은 그 백일장에 참여 하였고 심사를 본 임병호 시인은 그의 출품작이었던 「창窓」이라는 시를 눈여겨보았던 모양이다. 백일장이 있던 그날 저녁 임병호 시인은 소설가 오영일 선생과 술잔을 기울이며 수인囚人의 시각에서 본 독특한 작품이 있었다고 대화를 나누던 중 더벅머리 고등학생이 다가와 자신이 바로 박석수라고 소개를 하면서 그들의 평생 인연이 시작되었다. 그는 고등학생 시절부터 이미 술을 미친 듯 마셔댔으며 문학에 미쳐 있었다.

그 이후 박석수 시인은 학교가 끝나면 송탄 집으로 돌아가지 않고 화홍문 근처 임병호 시인의 집에서 자주 숙식을 해결하곤 하였다. 임병호 시인과 화홍문 느티나무 아래서 당시 4홉들이 샛별소주를 마시며 문학에 대해 이야기하고 지나가던 소년들과 주먹질하며 청년이 되어갔던 것이다. 아시아 자유청년연맹 학생미술 실기대회에서 특선을 할 정도로 감수성이 예민한 소년 박석수는 주먹을 겸비한 쓸쓸한 청년이 되어가고 있었다. 고등학교 시절 가출하여 인천의 한 나이트클럽에서 경리를 본 경력도 아마 그의 기질과 무관하지 않을 것이다. 뒷날 임병호 시인이 시집 발문에서 밝히고 있듯이 "나는 상처입은 짐승처럼 으르렁댔고, 선후배를 가리지 않고 무조건 두들겨팼으며, 교복을 입은 채 술을 엉망으로 마셔댔고, 임병호 형을 만나 희떠운 소리로 이 땅이 천재를 왜 몰라주냐고 외쳐대기도 했"던 것이다. 문학적 치기로 똘똘 뭉친 문학청년의 폭풍과도 같은 시간이 그렇게 흘러가고 있었다.

등단하기 전 그는 이미 수원의 여러 시인들로부터 관심의 대상이 되었다. 김대규 시인과의 만남도 고1 때 이루어졌다. 당시 〈시와 시론〉 동인 가운데 한 사람이 아마 박석수 시인이 다니던 고등학교 시화전을 보고 와서 싹수가 있는 학생이 있다고 말하면서 김대규 시인과의 만남이 이루어졌다. 1971년 대한일보 신춘문예에 「술래의 잠」이라는 시가 당선됨으로 등단하게 된다

일곱 살의 골목에는 야도를 찍어내는
두려움이 와아 와아 햇살처럼 쏟아지고
스무 살 이후의 도시는 대팻날이 되어
나를 문지르고 있었다.

귓속을 웅웅대는 우수憂愁의 빛깔을 끌어내
내가 완전한 자유를 깁고 있을 때,
내 생애는 난이와 눈 맞추고
무궁화꽃이피었습니다무궁화꽃이피었습니다무궁화꽃이…
찾는다

환각의 다리橋에 물구나무선 나의 일곱 살,
호주머니에서 쏟아지는 천진한 기침을
숨었던 이마들은 변명하고
나는 자꾸 목이 말랐다.

—「술래의 잠」부분

　신춘문예 당선작의 일부다. 이 시는 숨은 자가 술래를 피해 술래가 있던 자리에 손을 대면서 '야도'를 외치면 술래를 면하는 놀이를 제재로 한다. 어린 시절 놀이에서 느끼는 스릴감과 스무 살이 넘어 도시에서 느끼는 살벌함이 서로 교직되어 시를 이루고 있다. 그에게 완전한 자유는 '난'으로 표상되는 여자아이와 눈을 맞추고 있을 때이다. 훗날 그의 소설에 번번이 등장하는 인물이 백란이다. '난'은 그에게 베아트리체와 같은 순정하고 지고지순한 여인이다. '찾는다'는 시어는 박석수 시인의 의식을 대변하는 절규라고 보아도 좋을 것이다. 어둠 속에서의 방황과 불안이 이 시를 지배하고 있는데 일찍이 시인 이상李箱이「오감도」

에서 어린아이들을 통해 보여준 근대의 불안한 풍경을 다시 만나게 된다. 스물을 갓 지난 나이에 그는 당당히 시인으로 등단을 하게 되었다. 박석수 시인이 지면 여러 곳에서 누누이 밝혔듯 그의 당선소감문은 신문에 실리지 않았다. 편지 형식으로 쓰인 당선소감문이 실리지 못하게 된 자세한 경위야 알 길이 없다. 당시 심사평은 아래와 같았다.

그러나 그 청신한 감응력을 높이 샀으며 그것이 헝클어지지 않는 질서 아래 일정한 '톤'을 유지하고 있는 그 역량을 인정키로 한 것이다. 치우치지 않고 차분하면서 밝은 가락으로 엮어간 솜씨에 그의 신인으로서의 能능과 장長을 손꼽은 것이다.

위의 심사평은 일반적인 신춘문에 심사평의 그것으로서 당선 과정에서 어떠한 문제점이 있었으리라는 것을 추론키 쉽지 않다. 당선소감이 아무런 설명 없이 신문에서 누락되었던 것이 그 자신에게 커다란 마음의 상처였음은 분명한 사실이었다.

1974년경 서울에 터를 잡은 그는 장시「암실시사회」를『현대문학』에 발표하였으나 평단으로부터 혹평을 받고 '두고보자'는 마음으로 1976년 첫 시집『술래의 노래』를 상자한다. 이 시집 3부에는 장시 두 편이 실려 있다. 시에 대한 그의 열정은 그토록 깊은 것이었다. 1,000권을 찍은 이 시집은 종로서적과 양우당에 각 20권을 위탁 판매 형식으로 보내놓고 960권을 방에 쌓아두었다가 이듬해 모두 불태우고 시를 쓰지 않기로 한다. 이 시집의 발문은 장백일, 김대규 두 분이 함께 썼다. 작품론과 시인론을 나누어서 쓴 결과라고 할 수 있다. 「체험으로 승화한 인생 기록」이라는 장백일 선생의 글의 대강은 아래와 같다.

그의 시집 『술래의 노래』에서 엿볼 수 있듯이 이제 그는 누구나 비속하다고 발을 매었던 대지(현실)에 충실했고, 그 대지 속에서 새로운 삶의 애착을 가지고 육박하며 파고들어 다시 피 끓는 삶에의 약동을 찾고자 한다. 이것이 이 시집에서 보여준 염원이기도 하다. 거세된 회색의 이론이 아니라 작렬하는 삶에의 약동을 그리워하는 술래이고자 한다. 그의 술래의 의미는 바로 여기에 있는 것 같다.

장백일 선생의 위 글은 어쩌면 박석수의 문학세계 전반에 관한 핵심을 간파한 내용이라 할 수 있다. 현실에 대한 꾸준하고도 심각한 응시야말로 박석수의 시세계를 이해할 수 있는 핵심 구절이다. 뒷날 비정하고도 암울한 기지촌 현실에 대한 시편들이 바로 자신의 대지(현실)에 대한 투철한 인식에서 비롯된 것임은 다시 말할 필요가 없을 것이기 때문이다. 한편 김대규 시인은 아래와 같이 쓰고 있다.

석수는 항상 인간보다는 작품을, 나는 작품보다 인간을 역설했다. 그가 얼마나 사람에 시달려 짜증난 결과인지, 내가 얼마나 기교화되는 시작에 혐오감을 가져온 결과인지는 모르지만, (…) 석수와 나는 10년을 술로, 편지로, 대화로, 전화로, 시로, 제일 깊게는 방랑의 침묵, 그 고독 속의 자립自立으로 친해왔다.

그는 고독했다. 그의 집은 늘 현실적인 문제로 생업에 치중해야 했으며 고향인 송탄에서 그의 시 작업을 제대로 알아줄 동료는 거의 없었다. 그는 집안의 기대를 배반하고 한 푼 돈이 되지 않는 시를 밤새 쓰다가 술로 주먹질로 세월을 탕진했던 것이다. 시에 대한 치열한 인식은 스스로에게 탁월한 작품을 쓰도록 요구했을 것이며 그 갈등에 몸을 떨었을 것이다. 그는 자립했다. 고독 속에서 혼자 쓰고 희열을 느꼈던 것이다.

그는 평생 잡지사와 출판사를 전전하였다. 변두리 잡지사를 전전하다가 『여원』이라는 잡지사로 옮기면서 출판에 대한 재능을 인정받으며 활달한 사회 활동을 하게 된다. 그러던 와중인 1980년 『월간문학』에 소설 「당신은 이제 푹 쉬어야 합니다」라는 작품으로 소설가로 활동을 시작한다. 그 이태 뒤 『현대문학』에 발표한 「철조망 속 휘파람」은 기지촌 소설 문학의 백미라고 할 수 있다. 미군 철조망을 둘러싼 쑥고개 민중들의 수난사를 신랄하게 고발하고 있다.

그가 첫 시집을 모두 불태우고 다시는 시를 쓰지 않겠다고 다짐을 했다지만 그게 그리 쉬운 일이 아니라는 것은 자명한 사실이다. 어린 날 자신의 영혼을 태워 피워올렸던 시의 제의를 멈추단는 것은 가능해보이지 않기 때문이다. 1983년 그는 두 번째 시집 『방화放火』를 상자한다. 이 시집은 후일 '미국의회도서관'에 비치되는데 아마도 쑥고개를 배경으로 한 일련의 시편들이 미국의 입장에서는 반미적인 성향으로 판단되었을 것이다. 이 시집 머리글에는 시에 대한 박석수 시인의 생각이 낭자하게 그려져 있다.

지금, 스스로의 처음 생각을 배반하면서까지 이처럼 다시 두 번째 시집 『방화放火』를 묶게 된 이유는 혀를 깨물며 『술래의 노래』를 찢어버려서가 아니라, 찢어진 그 시집 속에 참혹하게 누워 있는 내 영혼의 불꽃이 채 사그라지지 않았음을 확인했기 때문이다.

그렇다. 시에 대한 그의 불타는 영혼은 꺼지지 않은 채 이어져왔던 것이다. 그는 첫 시집으로부터의 미망에서 벗어나 새로운 길을 가고 싶어했다. 이 시집은 첫 번째 시집과 겹치는 부분도 있지만 분명 쑥고개 현실에 대한 치열한 탐구를 동반하고 있다는 점에서 큰 변별력을 가진다.

헐벗은 우리의 가슴에
한 잎 낙엽으로

떨어져 썩기 위하여

인당수보다 더 깊고 깊은
미군들의 털북숭이 가슴에
얼굴을 묻고 흐느끼는 누이야.

네 몸과 바꾼 15불의 화대로도
애비들의 눈은
띄어지지 않는다.

아름다운 연꽃은
끝끝내
피어나지 않는다.

내의 껴입을수록 더 추워지는
이 겨울을
맨정신으로 살아내기 위하여,
눈 부릅뜰수록 더 어두워지는
이 세상을
좀 더 바로보기 위하여

인당수보다 더 깊고 깊은

수렁 속에 던져진
우리들 마지막 기다림 하나.

—「심청을 위하여-쑥고개 1」전문

　심청전을 인유한 이 작품은 당대 송탄의 현실을 사실적이고 비판적으로 그려내고 있다. 15불의 화대에 몸을 팔아야 하는 수많은 심청이들이 이 땅에 존재하고 있었으며 동시에 끝내 연꽃으로 환생할 수 없는 아픔을 이 시는 보여준다. 또한 그 행위를 통하여 애비의 눈도 뜨게 할 수 없는 지경에 이르면 비애의 감정 외에 무엇이 남겠는가? 이러한 상황을 그는 '겨울'이라 말하고 있다. 겨울을 이겨내기 위한 '맨정신'이야말로 그가 대면한 세상에 대한 투쟁 방식이라 할 수 있다. 인당수로 들어간 심청을 기다리고야 말겠다는 인고의 정신 속에 박석수 시인의 시정신도 오롯이 담겨 있는 것이다.

누이의 눈물은 피가 되었다.
철수하는 미군의 가슴이나
태평양이나 아메리카로도
닦여지지 않는
누이의 눈물은 피가 되었다.
십자가에 못박힌 한반도의
가장 참혹한 노을이 되었다.

—「노을-쑥고개 4」 부분

「쑥고개 1」이 심청과 애비의 비유로 이루어져 있다면 「쑥고개 4」는 십자가와 한반도라는 더 포괄적인 비유로 쑥고개의 수난을 증언하고 있다. 송탄 들판의 노을은 서해안을 배경으로 참혹하고도 아름다운 풍광을 자랑한다. 붉고 적나라한 원형의 빛깔 속에서 박석수 시인은 누이의 피멍든 가슴을 들여다보았던 것이다. 그 내면이야 참혹하기 짝이 없었을 터였다. 이런 의미로 『방화放火』를 해설한 권영민 선생의 글을 다시 살피는 것은 의미 있는 일이다.

자기의식에 기억된 고뇌를 스스로 지워버리고자 하는 고통스러운 노력 때문에, 청년기의 「쑥고개」는 침울하다. 거짓된 웃음과 무지와 완고로 말미암아 생긴 타락이 결코 누구의 책임인지를 묻지 않고 있는 것은 탓할 일이 못 된다. 거기서 보았던 그 환혹幻惑의 장면들을 냉소적으로만 대할 수 없는 것은, 어쩌면 시인 박석수가 지니고 있는 뜨거운 가슴 때문인지도 모른다.

'쑥고개'에 대한 박석수의 뜨거운 가슴이야말로 그의 문학적 탯줄이 닿아 있는 곳이다. 그가 서사적인 방향의 글쓰기를 시도한 이유도 어쩌면 시대 고발의 강력한 유혹 때문이었는지도 모른다. 소설가 이외수는 같은 시집 발문에서 "그의 시는 아편 아니면 독약이다. 어느 것이든 읽으면 육체도 영혼도 취해서 혼곤해지는 듯한 느낌이었다"라고 고백하고 있거니와 치열한 현실인식과 그것을 감내하는 시정신이 혼연일체의 덩어리가 된 결과물이라 할 수 있다.

『여원』계열의 잡지사에 근무하던 그는 돌연 쓰러진다. 서울의 직장생활을 포기하고 당진으로 몸을 추스르기 위해 떠났다. 영랑사라는 절에서 3개월을 요양하면서도 그는 술을 입에 대는 날이 많았다. 당진에서 그가 요양한 기간은 약 1년 8개월 정도이고 1987년 2월 다시 상경하게 된다. 그해 「우렁이와 거머리」를 위시한 여러 편의 소설을 발표하여 평단의 주목을 받으며 소설가로서의 입지를 굳힌다. 여성지인『마드모아젤』에 장편소설『차표 한 장』을 연재하며 세 번째 시집『쑥고개』를 상자한다. 도서출판 한겨레의 주간을 맡으며 다시 출판 일에 관여하게 되는 등 바쁜 나날을 보내게 된다. 어쩌면 1990년대 초반 병을 앓기 바로 직전이었던 이 시기가 그의 문학적 행로에서 가장 밝은 빛을 뿜어내던 시기라고 할 수 있다. 문학사상사에서 발행된 시집『쑥고개』는 기왕에 발표되었던 쑥고개 관련 시편과 새로 쓴 쑥고개 작품들로 엮어져 있다.

고향에 가면
보고 싶은 것도
듣고 싶은 것도

먹고 싶은 것도
모두 미국화된
고향에 가면,
이제 하북 냇가까지
그들의 정액이 흐르고 있네.

석수 너 몸 많이 약해졌다는
소문 들리던데
오늘 이왕 내려온 김에
내일은 아예 개 한 마리 잡아서
우리 모두
하북 냇가로 놀러가자는
전과 4범 인분차 운전수
유재규 동무 말 들으면서
까닭 모를 눈물 흘리네.

— 「하북 냇가 - 쑥고개 40」 전문

   이제 모든 것이 미국화된 고향 마을에 흐르는 강까지도 미군들의 정액이 흐르고 있다는 인식은 유토피아의 상실과 맞먹는 상실 의식을 반영한다. 그러나 배운 것 없고 인분차를 모는 동무 유재규야말로 그의 심연에 내재한 고향, 바로 그것이 아니고 무엇이겠는가? 몸이 많이 약해졌다는 고향 친구의 위로와 어려운 가운데서도 정을 나누고자 하는 의리는 황폐화해가는 고향과 대비되면서 비극적인 가운데서도 따뜻한 인간의 간절한 정을 느끼게 해주는 것이다.

시집 『쑥고개』의 해설에서 이윤택 시인은 아래와 같이 박석수 시인의 시세계를 논하고 있다.

필자는 이를 절망의 늪에서 간구하는 상상력이라는 말로 표현하고 싶다. 박석수는 자신과 이웃을 싸고 있는 쑥고개의 척박한 기억에 '이미지'의 누공을 뚫는다. 여기서 박석수가 기대하는 것은 척박한 삶 자체가 아니라, 척박한 삶의 쓰레기더미에서 눈부시게 솟아오르는 '직관의 맥류' 바로 그것이다. 이 점에서 박석수의 『쑥고개』는 김명인의 『동두천』과 구별되고 여타의 1970년대 이후 기지촌 소재 민중시와 구별된다.

위와 같은 평가는 쑥고개 연작을 찬찬히 읽다보면 충분히 이해가 가는 평가이다. 예를 들어 「축-쑥고개 24」나 「걸레-쑥고개 25」와 같은 작품을 보면 쑥고개의 척박한 삶을 그대로 쏟아놓은 것이 아니라 직관적 이미지로 시를 형상화한다는 것을 알 수 있다. "버림받은 목숨 하나/ 몰릴 때까지 몰리다가 연기처럼 하늘로 떠올라가/ 구름이 된다./ 구름이 되어서도/ 끝끝내 축으로만/ 몰리다가 자결/ 노을이 된다"와 같은 시구들은 쑥고개의 구체적인 상황에서 이끌어낸 직관의 상상력이라 할 만하다.

오늘날 평택과 송탄은 또다시 들썩이고 있다. 대추리가 그렇고 송탄 일대 국제평화 신도시 예정지가 그러하다. 미군기지 이전으로 인해 경기 남부 일대가 들썩이는 형국이다. 이미 오래전 한 시인의 혜안이 있어 평택 송탄 일대의 기지촌의 문제를 외롭고도 치열하게 제기한 바 있다. 박석수 시인의 『쑥고개』는 이 시대, 그리고 이 지역에 바쳐진 제의祭儀, 바로 그것이었다. 1996년 뇌졸중으로 누운 그는 다시 일어나지 못했다. 천주교 용인공원묘지에 안치된 그 묘가 어쩐지 쑥고개를 바라보고 있을 것만 같다.

시집 『십자가에 못 박힌 한반도』 2010년 새미

쑥고개-박석수 문학의 영토

유정이

1949년 경기도 송탄에서 태어난 박석수는 1971년 시 「술래의 잠」으로 대한일보 신춘문예에 당선되었다. 1981년『월간문학』소설 신인상을 받으며 소설로 등단하였고 그 후 시와 소설이라는 두 장르를 넘나드는 활발한 문학 활동을 펼쳤다. 1976년에 첫 시집『술래의 노래』를, 1983년에는 두 번째 시집『방화放火』를 발간하였으며 이어 세 번째 시집『쑥고개』를 1987년에 간행하면서 꾸준히 소설쓰기 작업도 병행하여서『철조망 속 휘파람』(1988),『우렁이와 거머리』(1988),『차표 한 장』(1990),『로보의 달 상·하』(1990) 등과 같은 여러 편의 작품집을 내기도 하였다.

그는 생업을 위해 각종 잡지의 편집과 출판사 주간을 겸하기도 하면서 줄곧 문학을 축으로 고단한 생활을 영위하였다. 그러던 중 1985년에 직장에서 쓰러진 것을 시작으로 줄곧 병마와 싸웠으며 안타깝게도 1996년 47세의 나이로 세상을 뜨고 말았다. 사인은 뇌종양이었다. 그는 투병생활 중 자신이 시한부 인생을 살고 있다는 것을 알면서도 장편소설을 완결해낼 만큼의 열정으로 문학혼을 불살랐으며 이러한 점은 차후세대 문학인들에게 큰 귀감이 되고 있다.

시인이자 소설가인 박석수는 길지 않은 생애를 문학인으로서 성실히 살았다. 특별히 그는 그가 태어난 고장인 송탄, 아니 더 정확히 말하자면 '쑥고개'라는 지명을 중심으로 시대의 아픔을 통찰한, 개성적 문학세계를 구축하였다.

> 마을은 철조망 속 휘파람소리 일찍 저물고
> 저문 들녘의 무거운 정적 속에서
> 구중의 땅 밑을 헤매던
> 누이의 눈물은 피가 되었다
> 왕복 엽서처럼 구겨질 대로 구겨진
> 누이의 눈물은 피가 되었다
> 철수하는 미군의 가슴이나
> 태평양이나 아메리카로도
> 닦여지지 않는
> 누이의 눈물은 피가 되었다
> 십자가에 못 박힌 한반도의
> 가장 참혹한 노을이 되었다
>
> —「노을―쑥고개 4」 전문

하지만 우리들 중 몇 명이나 이미 사라진 지명인 '쑥고개'를 기억할 수 있을까. 쑥고개는 숯막이 많다던 '숯고개'에서 시작되었다가 전쟁에 의해 기지촌이 되어버린, 그래서 쑥대밭과 유사한 음상이라는 이유로 개명된 현재 경기도 평택시 내 '송탄'의 옛 지명이다. 한국 전쟁 이후부터 미국군들은 안정리, 군산, 동두천 등지에 주둔하면서 주변을 기지촌으로 만들었는데 송탄도 이와 같은 성질을 가진 도시 가운데 하나였다.

전쟁 이후 수많은 한국여성들이 미국군들에게 성을 제공해왔다. 기지촌은 한국에 주둔하는 미군들에게 성을 제공하는 공간이며 이로부터 파생된 업종이 주를 이루면서 부정적인 이미지로 자리잡아온 곳이다. 그러므로 미군기지에 근저한 마을 곳곳은 그들의 의식주가 기반하고 있는 곳이기는 하지만 가급적 그 속성을 인정하고 싶지 않는 심리도 있는 것이다. 엄연히 존재하지만 외면하고만 싶은 아픈 역사의 장이 아닐 수 없다.

박석수의 소설 「동거인同居人」을 보면 '쑥고개'의 지명이 지금의 '송탄'으로 바뀐 과정이 자세히 서술되고 있다.

"지금은 '쑥고개'라고 말하는 사람이 없습니다. 모두 '송탄'이라고들 그러지요. 송탄제이씨 회원들이 주축이 돼서 내 고장 이름 바로 부르기 운동을 해서 고쳐놓은 겁니다.

버스 앞에서 '쑥고개'라고 표기하면 승차를 거부하자고 플래카드를 들고 데모를 하니까 버스들도 금방 모두 '송탄'이라고 바꾸더군요. 그게 벌써 언젯적 얘긴데요. 이제는 누구도 송탄을 쑥고개라고 부르는 사람이 없어요."

하지만 쑥고개라는 이름이 없어졌다고 하여 그 도시가 가진 속성이 사라진 것은 아니다. 송탄으로 이름을 바꾼 그곳에는 여전히 미군이 거리를 활보하고 미군들의 식성에 맞춘 음식점이 즐비하며, 미군들이 선호하는 물건들을 창마다 걸어놓은 가게가 줄을 이어 있다. 그렇다면 이름을 바꾼다는 것은 무엇인가. 오욕으로 뒤덮인 공간을 '아무것도 안 봤던 걸루'(시 「기도-쑥고개 5」), 아무 일도 없었던 것으로 치부하고 싶은, 부정否定의 한 행위라고 할 수 있다.

'쑥고개에 살던 제이씨 회원들'을 앞장세운 시민들은 '쑥고개'라는 지명이 가진 중층적 의미의 부정성不淨性을 부정否定하고 싶은 마음으로 이름을 바꾸어 불렀을 것이다. 이처럼 우리는 대개 부끄럽거나 자랑스럽지 못한 일의 경우 그 점을 외면하거나 은닉하고 싶어한다. 그것이 '아버지'로 대변되는 혈연의식이거나 '고향'으로 대변되는 지연의식이더라도 예외는 아니다. 적극적으로 부정하지는 않더라도 굳이 나서서 발설하지 않는 것이 인지상정이다.

그러나 박석수의 경우는 조금 예외적이라 할 수 있다. 그는 굳이 모두들 거부해 마지않던 이름 '쑥고개'를 꾸준히 문학적 소재나 주제로 형상화하였던 것이다.

인당수보다 더 깊고 깊은
미군들의 털부숭이 가슴에

얼굴을 묻고 흐느끼는 누이야
네 몸과 바꾼 15불의 화대로도
애비들의 눈은
띄어지지 않는다
아름다운 연꽃은
끝끝내
피어나지 않는다

―「심청을 위하여-쑥고개 1」 부분

    기지촌 여성들은 '파괴, 가난, 전쟁의 살육, 전쟁으로 인한 가족 간의 분리를 보여주는 살아 있는 상징'(방민호, 윤이나의 소설 「베이비」 해설)이다. 그들은 미군이 한국에 항구적으로 주둔한 이래, 성매매라는 도구로 한미관계를 결속시키는 매개(캐서린 H.S 문 「동맹 속의 섹스」)가 되어왔다. 양국의 정부는 이들의 인권을 도구로써 규제하고 사용하면서도 '양공주'나 '양갈보'와 같은 매우 경멸적인 대상으로 분류되고 호명되는 것에 대한 책임은 방기하였다. 가난과 무지, 그리고 전쟁이나 혹은 여타의 이유로 파괴된 순결을 스스로 처단하는 장소로서 기지촌을 의미화하기도 하였다. 따라서 그들이 활보하는 거리는 모두에게 금단의 영역이며 그들이 선호하는 것은 모두 금기의 대상이 되었다. 착취와 폭력에 선연히 노출된, 기지촌이라는 기형적 사회 구성원들에게 시대는 예외 없이 경멸을 퍼붓곤 하였다.

그러나 박석수는 예외다. 그는 이들을 '심청'으로 명명한다. 아비인 국가를 위해 험난한 생의 바다에 몸을 던진 처자들이라고 한다면 그의 명명은 그르지 않다. 그는 '달러의 위대한 힘'에 현혹된 시대가 기지촌으로 유배시킨, '건너말 순자', '물 건너간 명자', '하우스보이 재악이', 그리고 복부에 칼침을 맞고 죽은 '돼지형' 등속을 슬픈 곡조로 예배하고 있다. 그러나 그 의식이라는 것이 그저 무기력한 개인으로서 그저 술잔을 드는 일 말고는 없으니 그의 슬픔이 더욱 곡진할 수밖에 없는 것이다.

잘 인지한다고 잘 이해하는 것은 아니다. 가난하고 무지한 단자로서의 개인이 어떻게 시대의 물살에 쓸려갔는가를 바라보는 그의 시선은 고발자의 그것과는 다른 휴머니티로 발현된다. '슬퍼하는 자만이 정직한 분별을 안다'(「눈쌈」)고 했던가. 그는 진정한 슬픔 속에서 우리의 생에 녹아 있는 아픔, 기지촌을 중심으로 살아가는 군상들의 진면목을 분별할 줄 알았던 것이다.

그의 소설에서도 '쑥고개'는 빠질 수 없는 모티브다. 「철조망 속 휘파람」과 그 속편이라고 할 수 있는 「외로운 증언證言」 그리고 「동거인同居人」 등이 시에서 다루었던 '쑥고개'를 더 본격적으로 서술화하고 하고 있는 작품이다. 그에게 있어 '쑥고개'는 당겼다 놓으면 제자리로 돌아가 있는 용수철과 같은 장소이다. 그는 소설에서 필요한 공간적 배경을 위해서 경기도 인근, 평택이라는 물리적 공간을 비벼넣는다. 흥미로운 사실은 '기지촌'이라는 사회적 리얼리티로 접근하는 내용이 아니더라도 그 소설들에서 예외 없이, 배경으로 설정되고 있다는 점이다. 예를 들면 범죄의 현장으로 처리되는 등 인과성이 전혀 없는 경우에도 공간적 배경으로 설정되고 있다는 것이다.

또 하나의 흥미로운 사실은 제1 시집, 제2 시집에 이미 수록되었던 시들이 제3 시집에서는 '쑥고개'라는 부제를 달고 연작시 형태로 재수록되고 있다는 점이다. 이런 점들은 그의 문학의 중심에 그의 고향 '쑥고개'라는 의식이 일관되게 관류하고 있다는 것을 증명한다고 하겠다. 호흡처럼, 그의 문학적 인식의 일부에는 들숨과 날숨으로 언제나 쑥고개가 숨쉬고 있는 듯이 보인다.

하지만 그의 의식 속에 깊이 자리잡힌 고향, 그것은 막연한 그리움의, 가버린 시절에 대한 아득한 고향으로서의 공간이 아니다. 이물스럽게 변해버린 고향. 하지만 비록 그렇더라도 그가 안간힘을 다해 살려내고자 하는 의도란 무엇일까. 이내수는 박석수가 선취한 기지촌이 '배경으로서의 자기 세계를 살려냈으며 이처럼 배경으로서의 자기 세계를 가진 작가는 행복하다'고 덧붙이고 있다. 그러나 정말 그는 행복했을까. 그는 작가로서 행복하자고 줄곧 '쑥고개'를 외다 갔을까 재구해본다.

'관촌'이 이문구의 영토요, '섬진강'이 김용택 시의 영토라면, '쑥고개'는 마땅히 박석수에 의해 선점된 고유 영토라고 할 수 있다. 관촌을 통해서 이문구가 순박하고 투박한 한국 정서를 표현해내려 했고, 섬진강을 통해서 김용택이 섬진강과 함께한 유구

한 고난의 역사를 드러내고자 하였다면 그가 굳이 쑥고개를 표면화하고 문학적 축으로 삼았던 이유는 무엇일까.

여전히 번들거리는 '쑥고개'의 이물스런 웃음소리를 들으며, '건너말 순자', '물건너간 명자', '하우스보이 재악이', 그리고 복부에 칼침을 맞아 죽은 '돼지형'을 떠올린다. 아직도 현재진행형인 상처의 역사를 그는 저승에서도 부지런히 받아적고 있지는 않을까. 언제까지 계속될지 모르는 아픈 시대의 의미를 줄곧 반문하고 있지 않을까. 박석수가 딛고 있던 자리 '쑥고개'에서, '떠도는 언어에/ 내 영혼의 불을 붙여/ 황량한 인간의 심성에/옮겨놓는 일'(「방화放火」)이 자신의 '숙명'이었다던 그의 물기 많던 눈을 떠올리는 것은 매우 의미있는 일이다.

『월간 평택문학』 2014년 7월호

| 제 2 부 |

2017년 박석수 학술대회

박석수의 전기적 사실과 문학적 행보
박석수 시 속의 수원과 연무동 서정
박석수 인물 콘텐츠화

박석수의 전기적 사실과 문학적 행보

우대식/ 시인

　박석수의 고향은 첫 시집 『술래의 노래』 3부 「암실시사회暗室試寫會」에 실린 바와 같이 '경기도 평택군 송탄면 지산리 805번지 京畿道 平澤郡 松炭邑 芝山里 八0五番地'이다. 현재의 송탄터미널 건너편이 그의 생가가 있던 자리다. 박석수는 '내 주소住所를 염불처럼 외어댄다'고 고백하고 있다. 그에게 고향은 공간의 의미를 넘어 의식의 저류에 흐르면서 온전히 작품에 반영되어 있다. 그가 태어났던 집은 6·25를 전후하여 사라졌고 바로 옆에 그의 식구들이 매달려 일하던 콩나물공장과 그가 살던 집이 자리하고 있다. 콩나물과 숙주를 기르고 펌프를 켜올리던 콩나물공장은 평범한 민가로 남아 있다. 길옆으로 난 그의 방 창문은 반지하 같은 느낌을 주었고 밤 늦게 찾아오는 이들은 쪼그리고 앉아 그 창문을 두드렸을 것이다. 아래 소설의 한 장면은 어렵지 않게 이러한 장면을 떠올리게 한다.

　길가로 손바닥만 한 창이 난 내 방은, 창문에 항시 칙칙한 무늬의 커튼을 드리우고 있었으므로 밤이나 낮이나 불을 켜놓지 않으면 몹시 어두웠다.

―「설행雪行」에서

　박석수는 1949년 9월 16일 생으로 쑥고개 즉 송탄의 기지촌 문제를 정면으로 다룬 시인이자 소설가이다. 동두천, 의정부, 파주, 문산 등 경기 북부와는 달리 평택, 송탄의 기지촌 문제는 최근 대추리의 미군기지 이전으로 쟁점화되기까지는 수면 아래 가라앉아 있었던 것이 사실이다. 송탄의 기지촌 문제를 깊이있게 끝까지 천착한 작가가 박석수이다. 박석수가 보여준 문제의식은 오늘날 우리가 어떤 시각에서 미군기지 이전의 문제를 바라보아야 할 것인가에 대한 인식의 폭을 확장해주는 선제적인 측면이 강하다. 그러한 이면에 위치한 쑥고개라고 하는 공간은 박석수 문학의 젖줄이었다고 해도 과언이 아니다.

　그는 학창시절을 주로 수원에서 보내게 된다. 지금까지 확인할 수 있는 것은 영화초등학교, 수원북중, 삼일상고 등이 그가 학적을 두었던 곳이다. 고향이 송탄인데 어쩌다 수원에서 학창생활을 보내게 되었을까 많은 의문이 있었지만 네 살 차이가 나는 남동생 박용수 씨의 증언을 듣고 의문을 해결할 수 있었다. 학적으로만 본다면 다분히 수원이 문학적 의식의 중심에 있을 법하지만 첫 시집에서 보이는 연무동에 대한 일련을 시편을 제외한다면 사정은 그렇지 않다. 특히 소설에서는 수원의 흔적을 찾기 힘들다는 특성을 보인다. 1949년생이었던 박석수는 1950년 6·25 전쟁이 발발할 당시 지금의 콩나물공장 옆 본가에 살고 있었다. 집 근처에는 방공호가 있었고 폭격이 있을 때마다 아버지는 장남인 박석수를 챙겨 방공호로 달려갔다고 누이들에게 들은 이야기를 박용수 씨는 증언하고 있다. 어떤 연유에서인지 전쟁의 혼란 속에 수원으로 이사를 하였고 박용수 씨가 초등학교 4학년인 1965년 무렵 다시 송탄으로 이주하게 되었다. 이사 당시 박석수는 수원북중에 다니고 있었다. 기차를 타고 수원으로 통학을 하며 학교를 마쳤으니 그 노고는 말로 다할 수 없을 것이었다. 입학과 졸업이 명쾌하지 않은 데는 여러 이유가 있을 수 있으나 가난한 가정형편도 한 이유가 될 터이다. 이동하의 지적처럼 그의 대부분의 작품은 일인칭 주인공 시점을 고집하고 있고 이것은 그의 소설들이 작가의 체험과 직접적이든 간접적이든 연결되어 있는 경우가 대부분이라는 사실을[1] 염두에 둔다면 작품 속에서 그의 학창생활을 추측해볼 수 있다.

> 며칠 후 담임선생님이 사다준 입학원서를 아버지 몰래 중학교에 접수시키면서도 나는 선생님 말씀처럼 그냥 한번 시험만 처본다는 생각을 가지고 있었다. 그러나 합격통지서를 쥐고 집으로 달려온 김영란 선생님은 아버지에게 된통 야단을 맞고 눈물을 흘리며 물러나셨고, 그날 밤 나는 죽지 않을 만큼 얻어터졌다.　　　　　　　　　　　　　　　　　　　—「동거인」에서

---

[1] 이동하, 「한미관계와 소외의 문제」, 『철조망 속의 휘파람』 작품 해설집, 한겨레, 1988. 338쪽.

소설 속에서는 콩나물공장에서의 충분한 노동을 약속하고 입학한 중학교는 1학년 1학기도 마치지 못하고 그만두어야 했다. 물론 이러한 내용은 소설이다. 어쩌면 소설 속의 문면을 통해 자신의 공간적 정체성이 송탄에 있음을 다시 밝히고 있는지도 모른다. 수원에서 모든 학적을 마쳤음에도 실패한 유학의 공간으로 수원을 그리고 있고, 나아가 출발점과 회귀점을 모두 송탄으로 일원화시킴으로써 일관된 공간 지향을 보여준다는 특성을 보인다. 고등학교 입학은 출발부터 송탄에서 이루어진다는 점에서 아래 소설의 내용은 더 사실적인 측면이 있을 수 있다.

"쑥고개에도 고등학교가 있는데 왜 굳이 육십 리가 넘는 수원의 고등학교까지 가서 시험을 치르겠다고 하는 게냐?" (…) "좋다. 고등학교를 어디로 가건 네가 어려운 집안 일을 지난 3년 동안처럼 계속해준다면 나는 반대할 생각이 없다. 그러나 분명히 말해두지만 고등학교뿐이다".

―「동거인」에서

동생의 증언에 의하면 삼일상고로 진학한 것은 아버지의 권유 때문이라고 했다. 박석수가 상업이나 수학을 죽도록 싫어했던 반면 사업에 몰두했던 현실적인 아버지는 상고를 졸업해 물질적 풍요와 그 끈이 닿았으면 바랐던 것이다. 그러나 고등학교 생활도 그리 원만하지는 않았다. 불량한 친구들과 어울려 다니다 학교를 퇴학당하고 수원문화원 산하의 '장원회'라는 서클에서도 제명당했다고 본인의 연보를 스스로 적고 있다.[2] 위의 소설에서는 학교를 떠나게 된 이유를 "주산·부기·상업 등 학교의 중점적인 수업 내용은 하나의 장벽이었으며 나는 그 장벽을 고민 끝에 다시 자퇴함으로써 뛰어넘으려고 했던 것 같다"고 밝히고 있는데 이 부분에 그의 진심이 담겨 있다. 소설 속의 이야기는 문학에 뜻을 두었던 소년의 학업적 절망을 담고 있다는 점에서 현실과의 연관성을 추론해볼 수 있다. 이러한 추론은 그가 가장 존경하는 인물로 그려진 김영란 선생과의 대화에서도 드러난다.

> 네가 이 학교에서 배웠다시피 상업의 목적은 최소한의 자본을 들여서 최대한의 이윤을 추구하는 데 있어, 문학은 그 반대일지도 몰라. 특히, 시는 최대한 시간과 열정을 투자해서 그 반대급부로 단 몇 줄의 언어를 건져내는 작업임으로 엄청난 손해를 보는 것일는지도 몰라.
>
> ―『동거인』에서

김영란 선생의 이야기는 사실 소설 속의 나의 생각을 성숙한

---
2) 『철조망 속의 휘파람』 작품 해설집, 한겨레, 1988. 이 소설집 뒤에 작가가 스스로 연보 작성해놓았다. 그러나 정확한 학적이나 주거 상황 등이 누락되어 있어 면밀한 검토가 필요하다.

인간의 입을 빌려 표현한 것이다. 또 다른 한편에는 아버지의 생각이 녹아 있는 부분도 있다. 박석수가 겪은 고등학교 시절의 방황이 단지 집안 사정만은 아니라는 것을 보여준다.

그러한 방황 속에서도 그의 시적 재능은 고등학교 시절부터 빛나고 있었다. 그가 수원의 문인들과 오랜 교우를 하게 된 내력도 여기에 있다. 수원의 임병호 시인은 그의 고등학교 시절을 비교적 소상히 알고 있다. 아직도 남아 있는 수원의 화홍문화제 백일장에 임병호 시인이 심사위원으로 참여하면서 두 사람의 인연은 시작되었다고 했다. 당시 고등학생이었던 박석수 시인은 백일장에 참여한 학생이었으며 심사를 본 임병호 시인은 그의 출품작이었던 「창窓」이라는 시를 눈여겨보았던 모양이다. 임병호 시인은 그 시를 수인囚人의 시각에서 바라본 작품이었다고 기억하고 있었다. 백일장이 있던 그날 저녁 임병호 시인은 소설가 오영일과 술잔을 기울이며 백일장에서 특이한 놈을 보았다며 이야기하고 있던 중 더벅머리의 청년이 다가와 제가 바로 박석수입니다라고 인사를 건네며 두 사람의 평생 인연이 시작되었다. 그렇다. 그는 고등학교 시절 이미 시에 미쳐 있었으며 술집을 드나들며 술을 마셨던 것이다.

그 이후로 박석수는 학교가 끝나면 송탄의 집으로 돌아가지 않고 화홍문 근처 임병호 시인의 집에서 자주 숙식을 해결하곤 하였다. 그는 외형적으로 보기에는 매우 나약하게 보였지만 술과 주먹에서는 타의 추종을 불허하였다. 어느 날 우연히 임병호 시인과 화홍문 큰 느티나무 아래서 당시 4홉들이 샛별소주를 마시며 문학에 대해 이야기하고 있을 때 불량소년들이 나타나 담뱃불을 빌려달라고 하자 임병호 시인은 깍듯하게 불을 빌려주었던 모양이다. 옆에서 보기에 고까웠던 박석수 시인은 3 대 1의 싸움을 벌이는데 순식간에 세 사람을 눕혔다. 아시아자유청년연맹[3] 학생미술 실기대회에서 특선을 할 정도 감수성이 예민한 소년 박석수는 주먹을 겸비한 그러나 더 쓸쓸한 청년이 되어가고 있었던 것이다. 고등학교 시절 가출하여 인천의 한 나이트클럽에서 경리를 본 경력도 아마 이 주먹과 무관하지만은 않았을 것이다. 김대규 시인이 밝히고 있듯이 뒷날 임병호 시인의 시집 발문에 "나는(박석수 : 편집자 주) 상처 입은 짐승처럼 늘 으르렁댔고, 선후배를 가리지 않고 무조건 두들겨팼으며, 교복을 입은 채 술을 엉망으로 마셔댔고, 임병호 형을 만나 희떠운 소리로 이 땅이 왜 천재를 몰라주느냐고 외쳐대기도 했"던 것이다. 문학적 치기로 똘똘 뭉쳐진 한 문학소년의 질풍노도의 시기를 그는 그렇게 보내고 있었다.

앞에서도 잠깐 언급했지만 등단하기 전부터 그는 이미 수원의 여러 시인들로부터 관심의 대상이 되었다. 김대규 시인과의 만남도 고1 때 이루어졌다. 당시 〈시와 시론〉 동인 가운데 한 사

---

3) 아시아자유청년연맹은 1961년 창설하여 1962년 4월 7일 한국 위원회가 창설되었고 문화, 예술, 체육 교류 및 정기 간행물 출판사업을 주관한 단체로 오늘날 여전히 남아 있다.

람이 아마 박석수 시인이 다니던 고등학교 시화전을 보고 와서 싹수가 있는 학생이 있다고 말하면서 김대규 시인과의 만남이 이루어졌다. 김대규 시인은 박석수 시인의 첫 시집인 『술래의 노래』 발문에서 아래와 같이 밝히고 있다.

> 석수는 항상 인간보다는 작품을, 나는 작품보다는 인간을 역설했다. 그가 얼마나 사람에 시달려 짜증난 결과인지, 내가 얼마나 기교화奇巧化되는 시작詩作에 혐오감을 가져온 결과인지 모르지만 (…) 석수와 나는 10년을 술로, 편지로, 대화로, 전화로, 시詩로, 제일 깊게는 방랑의 침묵, 그 고독 속의 자립自立으로 친해왔다.[4]

그는 고독했다. 그의 고향 쑥고개에서는 그가 추구하는 문학적 세계를 알아줄 사람이 없었으며, 집에서는 그가 현실적인 사업에 열중하기를 바랐다. 그러나 그는 집안의 기대를 배반했으며 김대규 시인이 이야기했듯이 '방랑의 침묵'으로 일관했던 것이다.

그가 작성한 연보에 따르면 1970년 뒤늦게 고등학교를 졸업하고 같은해 2급 준교사 자격증을 취득한 것으로 되어 있다. 1971년 대한일보 신춘문예에 「술래의 잠」이 당선 되어 그는 시

---

4) 김대규, 「박석수의 인간과 문학」, 시집 『술래의 노래』 해설, 시문학사, 1976, 133쪽.

인으로 등단하게 된다. 이때 심사위원이 박목월 시인과 박재삼 시인이었다.

   일곱 살의 골목에는 야도를 찍어내는
   두려움이 와아 와아 햇살처럼 쏟아지고
   스물살 이후以後의 도시都市는 대패날이 되어
   나를 문지르고 있었다.

   귓속을 웅웅대는 우수憂愁의 빛깔을 끌어내
   내가 완전完全한 자유를 깁고 있을 때,
   내 생애生涯는 난蘭이와 눈맞추고
   무궁화꽃이피었습니다무궁화꽃이피었습니다무궁화
   꽃이…
   찾는다
   환각幻覺의 다리橋에 물구나무선 나의 일곱 살,
   호주머니에서 쏟아지는 천진한 기침을
   숨었던 이마들은 변명辨明하고
   나는 자꾸 목이 말랐다.

                                           —「술래의 잠」부분

  신춘문예 당선작의 일부다. '야도'라는 말의 어원은 분명치 않다. 숨은 자가 술래를 피해 술래가 있던 자리에 손을 대면서 '야도'를 외치면 술래를 면하는 놀이다. 어린시절 놀이에서 느끼는 스릴감과 스무 살이 넘어 도시에서 느끼는 살벌함이 서로 교직되어 시를 이루고 있다. '찾는다'는 시어는 박석수 시인의 의식을 대변하는 절규라고 보아도 좋을 것이다. 어둠 속에서의 방황과 불안이 이 시를 지배하고 있는데 일찍이 시인 이상李箱이 「오감도」에서 어린 아이들을 통해 보여준 근대의 불안한 풍경을 다시 만나게 된다. 스물을 갓 지난 나이에 그는 당당히 시인으로 등단하게 되었다.

박석수 시인이 지면 여러 곳에서 누누이 밝혔듯 그의 당선소감문은 신문에 실리지 않았다. 편지 형식으로 쓰인 당선소감문이 실지지 못하게 된 자세한 경위야 알 길이 없다. 1월 1일자 신문에 시와 사진이 실리고 심사평은 보름이 지난 후 발표되었다. 당시 심사평은 아래와 같았다.

그러나 그 청신한 감응력을 높이 샀으며 그것이 헝클어지지 않는 질서 아래 일정한 '톤'을 유지하고 있는 그 역량을 인정키로 한 것이다. 치우치지 않고 차분하면서 밝은 가락으로 엮어간 솜씨에 그의 신인으로서의 능能과 장長을 손꼽은 것이다.

위의 심사평은 일반적인 신춘문에 심사평의 그것으로서 당선 과정에서 어떠한 문제점이 있었으리라는 것을 추론키 쉽지 않다. 당선소감이 아무런 설명 없이 신문에서 누락되었던 것이 그 자신에게 커다란 마음의 상처였음은 분명한 사실이었다. 신춘문예로 등단하던 해 군대 영장을 받고 소사 33사단으로 입대하여 6주 만에 제대를 하게 된다.

1972년 〈시와 시론〉〉 동인으로 참여하여 「술래의 노래」와 7편의 시를 발표하였으나 그 해 해체되는 비운을 맞게 된다. 같은 평택의 사립중학교에 국어교사로 부임해 일 년 동안 교사생활을 했다고 본인이 밝히고 있으나 아직까지 정확하게 확인할 수는 없다.

1974년경 서울에 터를 잡은 그는 장시 「암실시사회」를 『현대문학』에 발표하였으나 평단으로부터 혹평을 받고 '두고보자'는 마음을 품고 변두리 잡지사에 입사하게 된다. 1974년 9월 4일자 동아일보의 문화단신을 보면 박석수·이정원 시화전이 1일부터 7일까지 수원문화원에 열린다는 단신이 실려 있다.[5] 시에 대한 치열한 열망으로 등단 후 몇 년을 보냈던 것이다.

1976년 첫 시집 『술래의 노래』를 시문학사에서 발간하게 된다. 「암실시사회」를 『현대문학』에 발표하면서 문단을 놀라게 하겠다는 야심찬 기대가 수포로 돌아갔듯이 첫 시집도 문단의 반응은 싸늘한 것이었다. 양우당과 종로서적에 20부씩 위탁판매 형식으로 보내놓고 960부는 방에 쌓아두었다 좋은 시를 썼던 몇 분들에게 기증본을 보내고 모두 태워버렸다. 이 사건에 대하여

---

5) 동아일보, 「문화단신」, 1974. 09. 04.

김대규는 "이 박석수의 분서갱유야말로 그의 천의 무봉스러운 인성人性과 유약하기 이를 데 없는 외곬스러운 시인기질을 만유감없이 보여준 사건이다."[6]고 평가하고 있다. 시집이 희귀본이 되어 구하기 어려운 이유가 여기에 있다. 1976년 5월 10일자에 동아일보에 『술래의 노래』가 신간으로 소개되고 있음을 확인할 수 있다.[7]

1979년 『여원女苑』이라는 잡지사로 직장을 옮기면서 잡지사 기자로서 본격적인 삶을 살게 된다. 여원사의 『여원』은 1971년 창간된 잡지로 1980년대에는 『주부생활』, 『여성중앙』, 『여성동아』와 함께 4대 여성지로 손꼽히던 유명 잡지사였다. 이동하는 박석수의 소설을 평가하면서 두 계열로 나누어 설명한다. 첫 번째가 '쑥고개 소설' 계열이고 두 번째 계열은 산업사회 속에서 중산층 월급생활자들이 겪는 소외의 체험이라고 이야기하고 있다.[8] 이동하의 평가와 같이 소위 두 번째 계열의 인물이 대개 기자라는 직업과 연관이 크다는 점에서 박석수의 직업의 정체성을 현실에서 확인할 수 있다.

첫 시집을 불태우며 다시는 시를 쓰지 않겠다고 다짐했지만 사정이 그렇지만은 않았다. 조계사 불교회관에서 있었던 승려 시인 시낭송의 밤에 시조시인 정완영과 함께 연사로 초청되어

---

6) 김대규, 「인생의 방황과 예술혼의 개선」, 소설 『쑥고개』 해설, 이가책, 1993, 315쪽.
7) 동아일보, 「신간」, 1976. 05. 10.
8) 이동하, 「한미관계와 소외의 문제」, 『철조망 속의 휘파람』 작품 해설집, 한겨레, 1988, 336쪽.

활동한[9] 기록을 보면 마음 깊은 곳에서 시심을 불태우고 있었다고 할 수 있다. 1980년 잡지『소설문학』편집자로 자리를 옮겨간다. 소설문학은 편집 겸 발행인이 김재원으로 여원사와 동일계열의 문학잡지이다. 1980년 5월부터 1988년 1월까지 통권 146호를 펴낸 잡지로 한국 문학 잡지로는 처음으로 작가를 표지인물로 삼았으며 1981년부터는 1,000만원 고료 장편소설을 모집하는 등 소설문학에 신선한 바람을 일으켰다. 확인되지는 않았지만 창간호부터 참여하여 편집일을 하면서 본인의 소설 창작에 대한 열의를 더했을 것으로 보인다. 1983년 7월까지『소설문학』편집장으로 근무하다가 같은해 8월부터 월간『직장인』으로 자리를 옮기게 된다.[10]

1981년『월간문학』34회 신인상에 소설「당신은 이제 푹 쉬어야 합니다」가 당선되어 소설가의 길로 들어선다.[11] 1982년 단편「철조망 속 휘파람」을『현대문학』에 발표하며 소설가로서 본격적인 활동에 들어간다. 같은해 일본의 관리자 양성학교를 수료하게 된다. 일명 지옥훈련으로 불리는 이 학교는 민첩한 행동력과 두뇌회전력으로 통해 직장인으로서의 바른 자세를 일깨워주고, 자신의 잠재능력개발을 위한 계획을 부여하고 자신과의 끊임없는 투쟁을 통한 극기정신을 불어넣어주는 것으로 알려져

---

9) 매일경제,「직장인 편집장으로 자리 옮겨」, 1983.08.11.
10) 경향신문, 1981. 08. 03.
11) 매일경제 1981. 08. 05. 등에서 박석수의 신인상 당선 소식을 알린다.

있다. 관리자 양성학교 수료의 변으로 "늘 지면으로만 알고 있던 많은 문인들과 직접 만나 그분들의 정신세계를 엿볼 수 있었던 것은 내게 커다란 행운이었다"고 고백하고 있음으로 보아 아마 혼자 간 것은 아니고 출판계열에 근무하던 문인들과 함께했던 것으로 판단된다. 이외수는 이러한 박석수의 생활을 외형적으로는 지독한 외로움의 찌꺼기를 걷어내지 않은 모습을 가지고 있지만 그는 대체로 인생이라는 것을 잘 터득해놓고 남보다 한 단계 위에서 아래를 내려다보며 바둑을 두고 있는 사내와 같았다고[12] 평가하고 있다.

이듬해인 1983년 어머니가 돌아가신다. 어려운 생활 속에서도 늘 그의 편에 서 있던 어머니의 사망은 큰 상실감으로 다가왔을 것이다.[13] 같은해 11월 5일 두 번째 시집 『방화放火』가 출판되었다. 시집 머리글 말미에 "아아, 세상이 깜짝 놀랄 것이라고 못난 자식 말 만 믿고 『술래의 노래』를 낼 때 빚을 얻어주신 어머님의 임종臨終 앞에 이 못난 자식의 눈물대신 『방화放火』가 놓여지길 희망한다"고 적고 있다. 그가 첫 시집 이후 시를 쓰지 않아도 좋다고 쓴 적이 있지만 『방화放火』의 머리글을 보면 시에 대한 치열한 의식을 다시 한번 확인할 수 있다.

---

12) 이외수, 「그래프의 안과 밖」, 시집 『방화』 해설, 평민사, 1983, 123쪽.
13) 동아일보 부음, 1983. 9. 23. 월간 『직장인』 편집차장 모친상이 부음으로 나와 있다. 모친 기일은 1983년 9월 22일 오후 6시 15분이다.

지금, 스스로의 처음 생각을 배반하면서까지 이처럼 다시 두 번째 시집 『방화放火』를 묶게 된 이유는 혀를 깨물며 『술래의 노래』를 찢어버려서가 아니라, 찢어진 그 시집 속에 참혹하게 누워 있는 내 영혼의 불꽃이 채 사그러지지 않았음을 확인했기 때문이었다.[14]

이처럼 시에 대한 영혼의 불꽃이 그의 내면을 붉게 물들이고 있었던 것이다. 1984년 다시 『여원女苑』으로 옮겨와 데스크를 담당하고 새롭게 창간된 『미용생활』의 데스크까지 겸임하게 된다. 데스크란 일반적으로 기사와 사건을 담당하는 책임기자를 일컫는 말이다. 하지만 취재를 지시하거나 뉴스 원고를 받아 기사를 작성하는 각 부서의 차장을 지칭하기도 한다. 박석수의 소설 「설행雪行」을 보면 고참 기자인 자신과 데스크의 묘한 갈등을 그리고 있는 부분이 있는데 여러 정황으로 보아 후자가 정확할 것이다. 당시 그의 정확한 직책은 편집부장이다. 박석수는 1984년 『여원』 4월호와 관련하여 도서잡지주간신문 윤리위원회에 제소를 당할 위기에 처하기도 한다. 당시 새마음봉사단의 총재를 맡고 있던 박근혜 총재와의 인터뷰 관련 건으로 인터뷰를 한 적이 없다는 박근혜 총재와 같은해 2월 23일 1시간 10분가량 대화를 나누었다는 박석수 『여원』 편집부장의 증언이 신문 기사로 나오

---

14) 박석수, 『방화』, 평민사, 1983, 8~9쪽.

기도 하였다.[15] 스스로 데스크를 맡으면서 골병이 들었다고 증언하고 있는 바, 대중을 독자로 둔 여성잡지 데스크는 끝없이 흥미를 유발할 만한 기사를 기획하고 생산해야 했으며 그로 인한 피로감은 우리의 상상을 넘어서는 것이었다.

1985년 직장에서 쓰러져 잡지생활 12년을 청산하고 충남 당진으로 거처를 옮기게 된다. 서울생활을 잠시 청산할 수밖에 없었다. 그의 일상생활이 그리 행복했다고 볼 수는 없다. 두 번의 결혼생활이 바로 그것이다. 방황으로 거듭되던 젊은 시절의 첫 여인과 그는 헤어졌다. 아이도 있었던 것으로 알려져 있다. 그가 쓰러져 충남 당진으로 몸을 추스르기 위해 갔을 때는 이미 두 번째 부인과 동행했던 것이다. 아동문학가 손진동 시인은 고향인 당진으로 다니러 내려왔다가 우연히 영랑사라는 절에서 박석수 시인을 만나게 되고 일건의 제의를 받게 된다. 『대한유도학교 10년사』를 함께 쓰는 일이 바로 그것이었다. 손진동 시인은 절집 요사체에서 박석수 시인의 달변인 문단 언저리 얘기를 귀를 열어놓고 들으면서 시간을 죽여나갔다고 했다. 3개월 정도 함께 절집 생활을 하면서 박석수 시인은 일보다 술을 찾는 날이 많았다고 증언하고 있다. 그는 몸도 몸이었거니와 아마 마음을 쉬고 싶었는지 모른다. 그해 그의 대표작 가운데 하나인 「외로운 증언」을 『소설문학』에 발표한다.

---

15) 경향신문, 1984. 04. 04.

1987년은 그에게 기억할 만한 해였다. 1년 8개월을 쉬면서 많은 것을 정리하고 생각할 수 있었으며 2월 1일 상경해 중앙대 신문방송대학에 입학하였고 시집 『방화放火』가 미국의회도서관에 비치되었다는 사실을 확인하기도 하였다. 특히 작품의 생산면에서는 획기적인 한 해였다. 중편 「동거인」(『소설문학』), 단편 「거울」(『현대문학』), 중편 「우렁이와 거머리」(『한국문학』), 중편 「설행雪行」(『월간문학』) 등 중단편을 쏟아내며 문단의 주목을 받았으며, 시집 『쑥고개』를 상자하였다. 시집 『쑥고개』의 해설에서 이윤택 시인은 다음과 같이 박석수의 시세계를 논하고 있다.

필자는 이를 절망의 늪에서 간구하는 상상력 사냥이란 말로 표현하고 싶다. 박석수는 자신과 이웃을 싸고 있는 쑥고개의 척박한 기억에 '이미지'의 누공을 뚫는다. 여기서 박석수가 기대하는 것은 척박한 삶 자체가 아니라, 척박한 삶의 쓰레기더미에서 눈부시게 솟아오르는 '직관의 맥류' 바로 그것이다. 이 점에서 박석수의 『쑥고개』는 김명인의 『동두천』과 구별되고 여타의 1970년대 이후 기지촌 소재 민중시와 구별된다.

기지촌의 부조리한 삶의 국면들이 정점에 있었을 때 김명인의 시는 휴머니즘을 바탕으로 한 상처 치유를 위한 노력에 방점을 찍지만 박석수의 문학은 치열한 고발정신을 전면에 내세우고 있다는 점에서 이윤택의 구별은 더 명백해진다. 이러한 평가는 쑥고개 연작을 꼼꼼히 살펴보면 어느 정도 이해가 간다. 예를 들어 「축-쑥고개 24」나 「걸레-쑥고개 25」와 같은 작품을 보면 쑥고개의 척박한 삶을 그대로 쏟아놓는 것이 아니라 직관적 이미지로 시를 형상화한다는 것을 알 수 있다. '버림받은 목숨 하나/ 몰릴 때까지 몰리다가/ 연기처럼 하늘로/ 떠올라가/ 구름이 된다./ 구름이 되어서도/ 끝끝내 축으로만/ 몰리다가 자결/ 노을이 된다'와 같은 시구들은 쑥고개의 구체적 상황에서 이끌어낸 낭자한 상상력이라 할 수 있다.

콩트집 『독 안에 든 쥐』를 간행하고 『마드모아젤』에 「차표 한 장」을 연재한 것도 같은해였다. 이렇게 많은 작업을 한번에 쏟아놓았다는 것은 당진에서의 1년 8개월의 요양이 단순히 쉰 것이 아니라는 사실을 반증한다. 서울로 올라온 그는 소설가 천승세의 주선으로 한겨레 주간을 맡으며 다시 출판 일에 관여하게 된다. 1980년대 말이 어찌 보면 그의 문학적 행로에 있어서 가장 밝은 별이 떴던 시기였는지도 모른다.

천승세는 뛰어난 소설가이자 희곡작가로 기지촌문학의 백미인 『황구의 비명』을 썼으며 또한 가히 콩트라고 하는 장르에서 타의 추종을 불허한다는 점에서 박석수와의 영향관계를 검토해볼 수 있다. 쑥고개를 배경으로 하는 기지촌문학 그리고 콩트 창작 등 박석수의 행로에서 천승세의 그림자를 어렵지 않게 만날 수 있기 때문이다. 콩트는 어쩌면 박석수 문학의 한 축이었는지도 모른다. 출판사 다락원이 발간한 콩트걸작선에 김동리,

황순원, 최정희, 오영수 등 원로작가부터 천승세, 박완서, 이문구, 박범신, 이문열 등의 인기작가와 더불어 신진작가로 양귀자, 강석경 등과 함께 참여하게 된다.[16] 박석수 또한 가장 존경하는 인물로 주저 없이 천승세를 들고 있다.

> 다소 과장법이 허용된다면, 나는 우리 나라에서 우리 나라 말로 간행되어진 월간지를 제외한 거의 모든 책들을 아마 다 읽었을는지도 모른다. 그만큼 책에 대한 나의 허기는 거의 살의를 느낄 정도였다. 그러다가 한 분의 스승을 만나면서부터 나는 비로소 깨달았다. 그분은 그런 강박관념 속에서 헤매고 있는 나를 해방시켜 주었다. 거의 완벽하게.
> 그분이 바로 천승세 선생님이었다.[17]

천승세를 롤모델로 한 창작에 대한 열의는 서서히 문단의 주목을 받기 시작한다. 그가 발표한 「동거인」은 문순태의 「문신의 땅」과 함께 한미관계를 새롭게 해석한 소설로 주목받는다.[18] 이러한 주목은 박석수로 하여금 더 자신과 관련된 이야기를 본격적으로 하게 되는 계기를 마련해준다. 그것이 바로 쑥고개의 수난사인 것이다.

---

16) 경향신문, 1987. 12. 29.
17) 박석수, 『철조망 속 휘파람』 작가의 말, 한겨레, 1988. 4쪽.
18) 「미국비판 담은 시소설 출간 잇달아」, 동아일보, 1987. 04. 08.

1988년 드디어 소설 첫 창작집 『철조망 속 휘파람』을 출간하였다. 한 달 만에 재판, 삼판에 들어가는 이변을 보이며 큰 주목을 받게 된다. 첫 소설집 발간에 따른 신문 기사는 간단한 신간 소개를 넘어 그의 문학세계를 짚어주고 있다.

박씨는 지난 71년 대한일보 신춘문예에 시 『술래의 잠』으로 데뷔한 이래 시를 써오다 지난 82년 월간문학에 단편 「신라의 달밤」으로 소설가로 재데뷔했는데 한·미관계 마찰과 왜곡, 이로 인한 소외의 문제를 과감하게 다루고 있다는 평을 듣고 있다.[19]

이제 그는 한국의 문제적 상황을 가장 예리하게 집어내는 소설가로 인정되고 있었다. 다른 신문도 『철조망 속 휘파람』을 "거의가 그의 고향 쑥고개 이야기로 채워"[20]져 있다고 소개하고 있다. 자신이 가장 잘 알고 가슴에 담아둔 이야기가 이제 독자들에게도 호응을 받기 시작한 것이다. 「철조망 속 휘파람」의 모티브는 이미 시로 쓴 「개보초-쑥고개 9」와 정확히 일치하는 것이다.

낮에는 자고 밤에는
송아지만 한 개와 함께
미군부대 철조망을 지키던

---
[19] 경향신문, 1987. 12. 21.
[20] 매일경제, 1987. 12. 22

말없는 돼지형을
우리는 개보초라고 불렀다.

낮에는 자고 밤에는
쉿소리를 숨기며
미군부대 철조망을 배회하는
쑥고개의 헛된 젊음들을 지키면서
돼지형은 스스로가
철조망이 되어갔다.

—「개보초-쑥고개 9」부분

 일명 개보초는 야간에 미군들이 보초를 서는 것이 아니라 한국 민간인이 미군을 대신해 개와 함께 보초를 서는 것을 말한다. 미군들은 지형지물에 익숙하지 못할 뿐 아니라 위험하다고 판단되는 곳은 개보초를 세웠다. 이 시에서도 개보초 '돼지형'은 죽는다. 소설 「철조망 속 휘파람」에서는 좀 더 구체적인 정황을 확인할 수 있다. '돼지형'의 죽음은 미군 부사관인 스미스의 농간으로 설정되어 있다. 이 스미스와 살갗이라는 건달의 PX를 둘러싼 거래로 '돼지형'은 죽었던 것이다. 물론 스미스에 의해 살갗이가 살해됨으로써 철조망을 둘러싼 쑥고개 민중들의 수난사를 신랄하게 보여주고 있다. 더욱이 스미스를 양아버지로 따르며 미국으로 건너가 공부할 수 있게 해주겠다는 꼬임에 빠져 두 사람의 죽음을 방조한 하우스보이 쪽배가 스미스에 의해 배반을 당하는 장면에 이르면 이는 단순히 쑥고개라는 공간을 넘어 우리 민족의 수난사라는 보편적 의미로 읽혀진다. 분단국가에 살면서 누구나 목도하는 철조망이 휴전선으로 그어져 있다면 기지촌 사람들에게는 또 다른 철조망이 기지촌과 미군부대 사이를 가르고 있다. 생존을 위해 넘나들어야 하는 기지촌의 철조망은 기지촌 사람들에게 또 다른 절망의 상징이 되었던 것이다.

박석수가 스스로 작성한 연보에서 1988년 한국시의 소중한 개성 49인의 시와 시론을 모은 편시집 『우리는 어디서나』를 간행했다고 밝히고 있는데 한겨레출판사에서 출판한 이 시집의 수록 시인은 서정주, 고은, 황지우, 최승호 등이었다.[21] 박석수는 문학 출판계의 뛰어난 편집자로서 활동하면서 시와 소설을 겸해 창작하는 대표적인 문인으로 떠오르게 된다. 한 신문은 「문학장르 벽이 무너졌다」는 특집 기사를 통해 1980년 이후 여러 장르를 다루는 문인이 늘어난 것은 절박한 상황에서 가능한 한 많은 장르를 통해 자기 입장을 표명하려했기 때문인 것으로 지적하고 시와 소설을 겸하고 있는 대표적인 문인으로 이제하, 송기원, 정호승, 김영현, 문형렬, 김영승, 구광본 등과 함께 박석수를 들고 있다.[22]

박석수의 소설은 송탄의 기지촌을 다루고 있다는 점에서 독

---

21) 매일경제, 1987. 12. 22
22) 경향신문, 1988. 05. 13.

보적인 위치를 점하고 있었다. 그것이 반미적 성향을 띠었다는 것은 한미관계를 새로운 위치에서 정립하고자 하는 입장, 좀 더 세밀하게 말하자면 보편적 휴머니즘을 바탕으로 한다는 점에 이견이 없을 것이다. 이즈음 출판사 한겨레에서 의미 있는 한 권의 책이 출판되었던 바 『반미소설선反美小說選』이 그것이다. 반공이 국시였으며 반미는 곧 반공에 반하는 것으로 규정하던 시대에 문학적 자각은 과연 그러한가를 집요하게 되물었던 것이다. 채만식의 「논 이야기」를 위시하여 최정희의 「풍류風流 잡히는 마을」, 남정현의 「분지糞地」, 이문구의 「해벽海壁」, 유순하의 「내가 그린 내 얼굴 하나」 등의 작품과 더불어 박석수의 「철조망 속 휘파람」이 실려 있는 이 작품집은 가히 한국의 대표적인 소설가들로 이루어져 있었던 것이다. 이 소설집은 사회적으로도 많은 관심을 불러일으켜 한 신문에서는 미국의 실상과 허상을 더듬었다고 평가[23]했던 것이다.

  1989년은 벽두부터 박석수의 작품이 문화적 이슈로 떠올랐다. 한 저널에서는 뉴스를 비롯한 보도물을 넘어 방송의 각 분야에서 정치사회적 문제를 본격적으로 다루기 시작하였다고 진단하고 드라마 부문에서 특별히 MBC의 〈베스트셀러 극장〉이 새로운 문제의식을 드러냈다고 평가하고 있다. 박석수의 「우렁이와 거머리」도 〈베스트셀러 극장〉으로 극화될 예정임을 소개

---

23) 동아일보, 1988. 09. 07.

하고 사회의식을 담은 작품이 어떻게 제작될 것인가에 큰 관심을 보이고 있다.[24] 그러나 이틀 뒤 1989년 2월 3일 KBS 2TV 〈드라마게임〉에서 방영한 「우리는 백조를 쏘았다」가 「우렁이와 거머리」를 표절한 것으로 알려지며 언론에서 이 문제를 본격적으로 다루게 된다. KBS 측에서는 즉각 표절임을 인정하고 작가와 담당 PD를 징계하겠다고 밝히고 있고, 박석수는 본인의 명예와 정신적 손해를 적절하게 보상할 것을 요구하고 MBC와 KBS에 원작을 판 상식 이하의 사람이 되고 말았다고 개탄하고 있다.[25] 이 표절 시비에 대해 매일경제(1989. 03. 01.)도 보도하고 있으며 나아가 작가회의가 KBS에 항의해 서영훈 KBS 사장 앞으로 저작권 침해에 대한 공개서한을 보내는 등 사건은 일파만파로 번지게 된다. 더욱이 박석수뿐 아니라 송기원, 황석영, 천승세 등의 작품도 무단 개작·표절 되었음을 확인하고 저작권 침해에 대한 근본적인 대책을 요구하기에 이른다.[26] 박석수에 의해 비롯된 방송의 문학작품 표절은 전근대적인 방송시스템에 경종을 울리는 계기가 되기에 충분하였다. 그러한 와중인 1989년 4월에 쓰러져 강남성모병원에서 뇌종양으로 판명되어 방사선 치료를 받으며 타개 전까지 늘 죽음에 대한 의식을 염두에 두고 살아야 했다. 수술 시기를 놓친 탓에 약을 복용하며 경인일보에 「로

---

24) 한겨레, 1989. 02. 01. 25) 경향신문, 1989. 02. 14.
25) 경향신문, 1989. 02. 14.
26) 한겨레, 1989 .03. 07.

보의 달」을 연재하였다.

　이렇게 병을 달고 살면서도 소설과 출판 그리고 방송까지 그의 관심이 다양한 분야로 확장되었던 것이 사실이지만 시에 대한 그의 열망도 다른 신문 기사를 통해 확인해볼 수 있다. 인사동 카페 시인학교에서 두레시 동인들의 월례 시낭송회에 참여하여 '삶에 대한 문학적 대응의 한계'라는 주제로 강의를 한 사실을 확인할 수 있다.[27] 뒤이어 동인들의 낭송이 있었던 것으로 보아 문학적 대응은 아마도 시적 대응의 다른 말이 아닐까 싶다.

　당시 박석수는 한국문학의 중견작가라 해도 빠지지 않을 정도의 작품적 성과를 내고 있었으며 그의 작품에 많은 관심이 표명되었다. 『차표 한 장』이 출간되었을 때 관념의 과적성이 극복되어 구체적으로 분단의 아픔이 묘사되었다는 기사[28]를 비롯해 동아일보(1990. 03. 19.)와 한겨레(1990. 03. 22.)에서 앞다투어 신간을 소개했던 것이다. 1990년 『성서와 함께』라는 종교 월간지에 아우구스티누스라는 세례명으로 시를 두 편 발표한다. 종교로의 침윤은 그가 죽음과 정면으로 대치하고 있음을 보여주는 것이다. 경인일보 구독자들로부터 찬사를 받으며 368회나 연재되던 소설 『로보의 달』이 행림출판사에서 상·하 두 권으로 출간되었다.

　앞에도 언급했지만 콩트에 대한 박석수의 열정은 대단했다.

---

27) 한겨레, 1989. 07. 29.
28) 경향신문, 1990. 03. 17.

한 신문사에서는 「인기작가들 콩트집 출간 활발」이라는 제호로 시인 김남조의 『아름다운 사람들』과 소설가 김채원의 『장미빛 인생』 그리고 박석수의 『분위기 있는 여자』를 소개하고 독특한 문체로 문학성 높은 콩트의 세계를 선보이고 있다고 평가했던 것이다.[29] 1992년에 출간된 박석수의 콩트집 『분위기 있는 여자』는 따뜻한 휴머니즘을 바탕으로 우리 사회의 모순된 모습을 풍자하면서도 유쾌한 반전이 있는 짧은 소설이라는 평가를 받는다.[30] 그해 연말 문학사상사 편집장으로 있을 무렵 그의 부친이 타개함으로서 그의 심신은 더욱 외롭고 쓸쓸한 처지가 된다.[31] 그 와중에도 1993년 경향신문 신춘문예 소설 부문의 심사위원이 되어 후진을 뽑기도 한다. 당시 단편소설 본심은 송영, 조세희가 예심은 최인호와 박석수가 담당하였다.[32] 신춘문예 심사위원이 가지는 상징성은 당대를 대표하는 문인이라는 사실이다. 함께 예심을 보았던 최인호의 명성은 다시 설명할 필요가 없을 터이다. 박석수의 죽음이 안타까운 것은 그가 살아 있었더라면 한국문학사에 선명히 기록되었을 것이라는 사실 때문이다.

1993년 7월 와병 속에서도 그는 소설집 『쑥고개』를 상자한다.[33] 박석수 시인의 시 가운데 유독 많이 등장하는 시어가 바로

---

29) 경향신문, 1992. 06. 22.
30) 동아일보, 1992. 06. 29.
31) 동아일보, 1992. 12. 29. 부음란에 문학사상사 편집장 박석수 부친 부고를 알리고 있다. 부친의 기일은 28일 오전 10시 반이다.
32) 경향신문, 1993. 01 .01.
33) 매일경제, 1993. 07. 28.

'고향'이다. 고향 쑥고개는 이제 더 이상 쑥고개가 아니었다.

> 지금은 '쑥고개'라고 말하는 사람이 없습니다. 모두 '송탄'이라고들 그러지요. 송탄제이씨 회원들이 주축이 돼서 '내 고장 이름 바꾸어 부르기 운동'을 해서 고쳐놓은 것입니다. 버스 앞에도 '쑥고개'라고 표기하면 승차를 거부하자고 플래카드를 들고 데모를 하니까 버스들도 금방 '송탄'으로 바꾸더군요.
> ―「동거인」에서

이러한 소설의 내용은 사실 당시의 송탄의 역사를 그대로 옮겨놓은 것이다. 1981년 송탄읍에서 송탄시로 승격되면서 송탄시의 주민들은 잔재처럼 남은 쑥고개라는 이름을 지워버리고 싶어했다.

> 전국에서 애향심이 가장 높다는 송탄松炭읍 청년회의소 회원들은 숯고개가 '쑥고개'로 불리는 내 고장 이름을 '송탄松炭'으로 바로잡는 데 공헌했다. '쑥고개'라고 행선지를 쓴 버스 안 타기 운동을 벌였고 이를 전국청년회의소 회원들에게도 호소, 송탄松炭으로 바꿔놓았다.[34]

---

34) 「송탄시 기지촌基地村서 탈피 위락도시慰樂都市 지향 상주인구 6만명 총면적 87㎢」, 경향신문, 1981. 03. 31.

소설의 내용은 이 신문 기사와 정확히 일치하는 것이다. 그러나 박석수는 같은 소설에서 "나는 사내가 데모까지 해서 바꾸었다는 송탄이 쑥고개와 어떻게 다른지를 알지 못했다"고 증언하고 있다. 사내로 상징되는 지역 주민들의 생각과 작가의 생각은 출발점이 다르다. 이름을 바꾼다고 해서 본질이 바뀌지는 않는다고 박석수는 생각했던 것이다. 소설집 『쑥고개』에도 「고향」이라는 단편소설이 실려 있다. 이 소설에서 잡지 편집을 보는 '나'는 쑥고개로부터 한 통의 전화를 받는다. 전화를 한 사람은 작가를 지망하는 쑥고개 출신의 세련된 여성이다. 오직 성적인 묘사에 치중한 한 편의 소설을 보아달라는 그녀의 요청에 그는 읽어는 보았지만 대충 평가를 유보한 채 넘어간다. 그러던 어느 날 추석 때 고향에 내려가 우연히 그녀를 만나 차를 한잔 마시게 된다. 차를 마시며 나눈 그녀와의 대화에서 그는 무섭고 소름끼치는 일이 고향에서 벌어지고 있다고 생각한다. 그녀의 마지막 말은 아래와 같다.

"경주나 대구, 또는 부산이나 마산 같은 데를 돌아다니다보면 사람들을 많이 만나요. 그런데 한국 사람들은 어디서나 늘 만나는 사람들이니까 하나도 반가운 줄 모르겠는데, 미국 사람을 만나면 그렇게 반가울 수가 없어요. 그래 다가가서, 물어보지요. '너 어디서 왔느냐'구요. 그러면 그들 중의 70~80퍼센트가 모두 '쑥고개'에서 왔다는 거예요. 얼마나 반가운지. 정말, 고향을 만난 것처럼 반가워요. 아니 실제 고향 사람이기두 하구요."

이제 그의 고향 사람들 가운데 일부는 미국 사람을 같은 고향 사람으로 생각하고 있는 것이다. 그들은 개보초가 무엇인지 양색시의 의미가 무엇인지 알지 못한다. 미군을 통해 들어오는 미제 물건을 몸에 걸치고 돼먹지 않은 발음으로 그들과 몇 마디를 주고받으면서 미군들과 동질성을 확인해가고 있었던 것이다. 그러나 비극적인 것은 미군은 한번도 우리와 같은 고향이라고 생각해본 적이 없다는 사실이다. 그의 소설에서 보이는 고향에 대한 날카로운 현실비판이 시로 오면 좀 더 따뜻하고 인간주의적인 것으로 흐르고 있다.

고향에 가면
보고 싶은 것도
듣고 싶은 것도
먹고 싶은 것도
모두 미국화된
고향에 가면,
이제는 하북 냇가까지
그들의 정액이 흐르고 있네.

석수

너 몸 많이 약해졌다는
소문 들리던데
오늘 이왕 내려온 김에
내일은 아예 개 한 마리 잡아서
우리 모두
하북 냇가로 놀러가지는
전과 4범 인분차 운전수
유재규 동무 말 들으면서
까닭모를 눈물 흘리네.

─「하북 냇가-쑥고개 40」전문

'보고' '듣고' '먹고' 즉 모든 것이 미국화된 고향이라는 인식은 소설 「고향」에서 보여주는 것과 별 다르지 않지만 배운 것 없고 가난하게 사는 '유재규 동무'의 말이야 말로 그가 끝내 고향을 잊지 못하는 이유일 것이다. 또한 고향의 수난사를 예리하게 드러내며 아픔을 표출한 까닭도 여기에 있을 터이다. 저 따뜻한 마음이야말로 개별적인 인간들이 삶을 가치 있는 것으로 느끼게 하는 가장 강력한 무기가 아니고 무엇이겠는가?

홍일선 시인의 증언에 의하면 박석수 시인과 서로 비슷한 연배이며 경기 이남을 고향으로 한 까닭에 잘 알고 지냈으면서도 절친한 관계를 유지하지는 못했다고 했다. 병을 앓던 1990년대 초반 박석수 시인은 홍일선 시인에게 연락을 취해왔다. 그 동안의 적조함을 모두 자신의 탓으로 돌렸다. 자신의 무성의함을 반성하며 이미 출간된 지 오래된 자신의 책에 서명을 하여 건네주었다고 하였다. 그는 이미 아우구스티누스라는 세례명을 받았을 당시였다고 했다. 그는 병마로 인해 죽음의 그림자를 보았던 것이다.

1996년 9월 13일 경향신문, 동아일보 등에서 일제히 그의 죽음을 알리는 기사가 올라온다. 47세, 발인은 14일 오전 7시, 장지는 경기도 용인군 천주교 공원묘지. 파란만장한 쑥고개의 아들이 이제 쑥고개에서 멀지 않은 곳에 잠들어 있다. 그리고 묻고 있다. 지금 이곳은 과연 파라다이스인가?

『박석수의 삶과 문학』(2017 상반기 평택학 학술대회-평택문화원 자료집)

박석수 시 속의 수원과 연무동 서정

정수자/ 시인

1 들어가는 말

박석수는 요절시인 재조명을 통해 문학적으로 재탄생한 사례에 속하는 평택 출신의 시인이다. 이른 나이에 세상 떠난 시인들을 다시 읽는 기획[1]을 통해 시인으로서의 호명과 문학적 평가를 새롭게 받은 셈이다. 물론 평택 출신의 중요한 시인이자 수원에서 유·소년기를 보낸 경기도의 주요 문학인으로 호출된 적이 있기는 하다.[2] 하지만 그의 문학을 본격적으로 규명한 것은 『죽은 시인들의 사회』가 환기한 범문단적 관심과 요절시인 시전집 시리즈인 박석수 시전집(『십자가에 못 박힌 한반도』)을 통해 구체화되었다고 볼 수 있다. 자칫 잊힐 뻔했던 평택의 탁월한 시인을 요절시인의 이름으로 호출한 것이 한국시문학사에 박석수를 새롭게 기입하는 계기가 되었던 것이다.

지역문학의 개념[3]에서 보면, 박석수는 지역 인식을 바탕으로

---

1) 우대식, 『죽은 시인들의 사회』, 새움, 2006.
2) 김남일 외, 『경기문학지도 1, 2』, 경기문화재단, 2000.
3) 남기택은 지역문학의 개념이 지닌 층위를 형식의 차원에서는 지역에서의 삶, 지역적 연고, 구체적 경험 등 내용의 차원에서는 지역이라는 주제, 소재, 기타 지역적 경험의 형상화 등, 실정의 차원에서는 상징권력, 인맥, 명망성, 독자층, 발표기회 여부 등으로 보는데 이 층위의 교집합을 지역의 정체성으로 볼 수 있을 것이다. 「지

추구한 문학적 실현이 더 돋보이는 작가라고 할 수 있다. 평택이라는 장소에 담보된 지역적 특성을 문제적인 관점에서 더 주체적이고 적극적으로 탐색했기 때문이다. 장소란 "회상을 구체적으로 지상에 위치하면서 그 회상을 공고히 하고 증거할 뿐 아니라 인공물로 구체화된 개인과 시대 그리고 문화의 다른 것에 비해 비교적 단기적인 기억을 능가하는 지속성을 구현"[4]하는 특성을 지니는데 박석수는 일찍이 그런 인식을 실현한 것이다. 특히 미군주둔지 송탄이라는 장소는 박석수에게 한국현대사가 지역민의 삶에 깊숙이 개입한 구체적 현실로서의 삶터였음을 보여준다. 이러한 현실 인식과 비판적 성찰로 재구한 쑥고개 연작은 독보적인 성과로 평가된다.[5] 그의 시로 인해 평택은 미군부대 주둔지가 된 한국의 현실을 한국문학 속에서 환기하는 역사적 장소로 남는다.

이러한 박석수 시에 자주 등장하는 장소가 평택 말고 또 있는데 바로 수원시 연무동이다. 특정 지명을 여러 편에 반복적으로 쓰는 까닭은 무엇보다 유·소년기를 수원 연무동에서 보내며 이곳의 초중고[6]를 다닌 데서 찾을 수 있을 것이다. 또한 감수성 예

역에 의한, 지역을 위한』 남기택·오홍진·김현정·김화선·오연희, 『경계와 소통, 지역문학의 현장』 국학자료원, 2007. 56쪽.
4) 알라이다 아스만, 변학수·백설자·채연숙 옮김, 『기억의 공간』 경북대학교 출판부, 2003, 392쪽.
5) 이윤택, 『쑥고개』 문학사상사, 1987. (우대식, 『죽은 시인들의 사회』 새미, 2006에서 재인용).
6) 영화초등학교 졸업 후 중1 때 송탄으로 돌아가 삼일고등학교를 통학한 것으로 나타남.

민한 사춘기 때나 이후나 질풍노도 같았다는 박석수의 기질로 미루어보면 연무동 생활이 그의 문학에도 영향을 크게 미쳤을 것으로 짐작된다. 이는 그가 문학에 투신하던 등단 전과 직후의 문학적 교류도 수원의 문인들(특히 임병호 시인)과 먼저 이루어졌다는 데서 가능한 추정이다.[7] 따라서 박석수 시에 등장하는 연무동은 그의 문학적 갈망과 열정을 가장 뜨겁게 분출한 공간으로 보이며 그것은 시에서도 충실히 재구되고 있다. 그런 점에서 수원이야말로 박석수의 문학세계에서 빼놓을 수 없는 정서와 감수성을 고양한 또 다른 고향이라고 해도 무방하겠다. 그리고 연무동 시편에 더 두드러지는 박석수 특유의 허기와 고독과 열망의 정서를 연무동 서정이라고 불러도 좋을 것이다.

2 내면화된 허기의 공간, 연무동

연무동은 박석수가 감수성 예민한 시기를 보낸 수원에서도 화성 바로 안팎에 위치한 마을로 외진 동네라고 할 수 있다. 다른 동네에 비해 상대적으로 가난한 곳이었던 연무동이 외지에서 온 박석수 일가에게는 더 힘들었을 것으로 짐작된다. 연무동

---

7) 그 무렵 박석수와 문학적 교류가 가장 깊었던 수원 시인으로는 임병호가 있는데 그의 증언과 박석수 자신의 글 (임병호 시집 『아버지의 마을』 발문, 1993, 도서출판 동신)에 의하면, 박석수 고 1때 인천신문 백일장에서 차 상을 하며 고등부 예심을 본 임병호 시인과 가까워졌다. 이후 문학과 술의 둘도 없는 친구로 지내는 동안 '연무동 150번지 27반'이라는 같은 번지의 한 집에서 산 적도 있었다고 한다. 안양의 김대규 시인과도 매우 가까운 사이였는데, 김대규 주간 당시 〈詩와 詩論〉 동인회의 막내로 가입해 한동안 활동을 함께했다. 김대규 시인에게 첫 시집 『술래의 노래』와 장편소설 『쑥고개』의 발문을 받을 정도로 각별한 사이였다.

이라는 지명을 쑥고개 다음으로 시에 많이 쓰는 것도 그 시절 체험이 깊이 각인된 까닭일 것이다.

수원 시편에 가장 많이 등장하는 연무동 체험은 대부분 '가난'과 '허기'의 기억으로 어린 시절의 꿈과 함께 재현되고 있다. 특히 가난한 시절의 경험을 박석수가 더 깊이 느끼고 반복적으로 되짚는 것은 평택에서 온 외지인으로서의 '도시' 빈민이라는 입장의 삶이 더 곤고했기 때문이 아닌가 싶다. 훗날 연무동을 떠나서도 불쑥불쑥 나타나는 가난의 기억들은 연무동 시절이 박석수에게 얼마나 원초적 허기의 시공간으로 내장되어 있었는지 여실히 보여준다.

박석수 시에서 연무동은 그런 허기의 시공간이자 그 속에 담긴 추억의 장소로 재구된다. 거기에 조금 더 컸을 때의 고독과 사랑 등 청춘의 꿈이 교차하는 문학적이고 유미적인 시·공간으로 소환되기도 한다. 그런 점에서 연무동으로 표상되는 도시의 한 동네가 박석수에게는 구체적인 삶의 장소로나 문학적인 공간으로나 대체할 수 없는 체험과 기억의 저장소라고 할 수 있을 것이다. 단기적 기억을 능가하는 경험의 축적이 박석수 소년의 문학에 대한 꿈과 열정을 자극하고 견인하면서 연무동 서정으로 새롭게 재구되는 셈이다.

이러한 박석수의 연무동 시절과 성장 과정의 모습은 「연쌈」과 「팽이쌈」이라는 시에 고스란히 나타난다. 그 중에도 소년의 꿈과 열망 그리고 현실 속의 좌절 등의 선연한 재현은 연무동이 하나의 문학적 본향 같은 곳이었음을 보여준다.

꿈을 실어 기러기 길을 보내자.
고생 잠기하는 햇살을
예감 끝의 나를 날리자.
연기 없는 연무동의 허기진 하늘에서
키들대는 타동네의 이빨을 쫓아내고
나를 날리자.
완전한 一人의 상처를 날리자.

상처가 상처를 물어뜯는
二律音의 하늘.
유리 가루를 묻힌 都會의 끈들이
누님의 限,
그 가장 아픈 線에 닿으면
내 새는
피를 불며 떨어지고…

하늘에서 끓어지는 울음.
울음을 따라 가시철망과
논두렁과 개울을 건너뛰는
내 발바닥.

갈라터진 내 가슴엔

꼬리鳶과 사각鳶이

아직도 울음을 비벼대고 있다.

—「연쌈」전문[8]

끊어질 듯 이승에 걸어놓은

어머님의 전생처럼

팽이가 돌고 있다.

그늘에서 그늘에서만

모든 울음을 날리는 팽이여,

깜박 蛇蛇의 총알이 날아와

크레파스로 짓뭉갠

너를 찍을 때,

누이가 빼앗긴 處女性이

반딧불되어

고향산천을 날아다니며

반짝, 반짝,

달라 소리를 낼 때,

---

[8] 박석수,『술래의 노래』 시문학사, 1976, 38~39쪽.

오, 연무동의 암담한 팽이여,
목메게 떠나간 시간을 부르는 팽이여,
그러다가 처참히 쪼개지는 팽이여,

내가 쪼개진 술병을 들고
비정의 도시와 마주서면
아아, 오늘 이렇게 다시 멍하니
기억의 입구에 서면,
내 영혼을 찢어 흔드는 騷擾.
진물나는 憂愁를 살랑이는 바람.

도시의 밤을
칼날 같은 이빨들이 모여 살고
나는 옭매듭진 끈으로 운명을 던지고 있었다.

―「팽이쌈」전문 [9]

    두 편의 제목에 붙인 "쌈"은 "싸움"의 줄임말로 중부지역에서 널리 쓰는 입말을 그대로 사용한 사례다. "쌈"이 표준어인 "싸움"보다 말맛을 더 살리는 것은 물론 싸움 자체의 강도를 높이는 효과가 있으므로 이에 주목한 의도적 표현으로 보인다. 표준어에

---

9) 박석수, 『술래의 노래』, 시문학사, 1976, 43~44쪽.

연연하지 않는 박석수의 시어관을 엿볼 수 있는 대목이다. 그는 타동네에서 온 자신의 힘들었던 입장을 "키들대는 타동네의 이빨을 쫓아내고/ 나를 날리자"는 구절로 환기한다. 이러한 인식은 "유리 가루를 묻힌 都會의 끈들"이라고 자신보다 유리한 입장으로 설정한 "도회"와의 간극에서 비롯되는 것임을 알 수 있다. 그 모두가 "연기 없는 연무동의 허기진 하늘에서" 벌어지는 일이므로 "허기"는 "연무동"과 떼려야 뗄 수 없는 현실이었던 것이다. 게다가 '반딧불'에서 "달라 소리를" 듣는 대목에서는 그 허기의 근원인 송탄을 환기하는 한편 허기의 사회적 확대까지 보여준다. 그럼에도 "나를 날리자"며 높이 솟고자 했던 박석수는 "갈라터진 내 가슴엔/ 꼬리鳶과 사각鳶이/ 아직도 울음을 비벼대고 있"는 현실 속에 거주 중이다. 이런 맺음은 쉽게 끝날 수 없는 "쌈"이라는 현실을 환기하는 동시에 그 속의 갈등과 결기가 "울음을 비벼대"는 시적 동력이었음을 보여준다.

「팽이쌈」 또한 도시에서 진행 중인 "쌈"의 모습을 "팽이"의 세계에 빗대는 형국이다. "칼날 같은 이빨들이 모여" 사는 도시의 비유는 당시 비정한 현실에 대한 박석수의 시각을 예각적으로 담아낸다. 그 자신이 여전히 "옭매듭진 끈으로 운명을 던지고 있"을 수밖에 없는 상황을 곳곳에서 암시하는 것이다. 특히 "오, 연무동의 암담한 팽이여"에서는 당시 앞이 안 보이던 연무동에서의 삶과 인식을 첨예하게 보여준다. 이어지는 구절 "목메게 떠나간 시간을 부르는 팽이여,/ 그러다가 처참히 쪼개지는 팽이여"에서는 쉽게 지울 수도 얼른 떠날 수도 없는 이 지상에 "옭매듭진" 삶 즉 "연무동의 팽이" 같은 게 박석수의 숙명이었음을 짐작하게 한다. 이는 "기억의 입구에 서면" 다시 "내 영혼을 찢어 흔드는 騷擾" 속에 "진물나는 憂愁를 살랑이는 바람"으로 연무동 시절을 돌아보는 데서도 확인되는 삶의 "옭매듭"이었다고 할 수 있을 것이다.

위 시편들이 현실에 대한 울분을 여과 없이 토해내던 박석수의 강파른 성격[10]의 일면을 드러낸다면 다음 시는 여린 심성을 보여준다. 대조적인 기질을 엿볼 수 있는 시편은 가난 속에서도 훼손당하지 않은 박석수의 감수성을 유감없이 담아낸다. 특히 「하학길」은 어린 소년의 남다른 감각과 정서를 잘 드러내는 시로 주목된다.

9·9단을 외우지 못해
늦게까지 벌서고
혼자 돌아오는 길.

---

10) 김대규 시인은 『술래의 노래』(시문학사, 1976) 발문에서 "石秀는 의무처럼 마셨고 권리처럼 취해 급기야는 싸움판을 벌이게 되었다. 그것은 삶의 아픔에 대한 주먹질이었지만, 보고 있던 나도 石秀를 때렸다"고 동인회 모 임을 술회하는데 같이 울며 피와 눈물을 닦아준 날이 잦았던 듯하다. 특히 "형님! 왜 때립니까? 나는 외롭게 詩를 쓴 罪밖에 없습니다."라는 박석수의 항변은 일찍부터 천생 시인이었음을 보여준다. 또한 수원 모시인과의 첫 대면에서 말이 거슬린다고 대뜸 주먹 날린 '코피 사건'에서도 체구보다 강단 있던 박석수의 기질이 드러난다.

나의 길 곁엔

도랑물이 도랑도랑 울어쌓고,

나는 쪼맨 노을을 싣고

종이배로 흘러가고 있었다.

텅 빈 교실의 정적을 싣고

외톨이로 흘러가고 있었다.

도랑물이 냇물과 만나는 곳까지

내 몫의 길.

나는 흐르는 종이배를 따라 도랑 위를

걷고 있었다.

걷다가 도랑의 끝에서 길 저쪽편

하수구로 달려가

9·9단을 술술 외우며

내 종이배를 기다리고 있었다.

나는 허기가 만나 냇물로 흐르는

연무동 입구 양회다리에

까만 책보를 끼고 앉아

조여오는 어둠을 고사리 같은 손끝으로

자꾸 자꾸 헤쳐내며

하수구에서 곧 나올 것만 같은

내 종이배를

언제까지나 그렇게
기다리고 있었다.
9·9단은
까맣게 잊고 말았다.

사친회비를 내지 못해
늦게까지 벌서고
혼자 돌아오는 길.

―「하학길」전문 [11]

「아이스케키!」를 목놓아 울어도
아이들은 외갓집으로 원두막으로
혹은 먹감으러들 떠나고
텅 빈 동네 입구에는
햇살 속을 기어다니는 고요가 보였다.
십 리 길을 더 들어가
나는 방학숙제로 여름의
곡식을 채집하며 다녔다.
해질녘, 집에 돌아와
오이, 마늘, 고추를 피곤처럼 풀어놓으면

---

11) 박석수, 『술래의 노래』, 시문학사, 1976, 48~50쪽.

어머님은 오이채에 보리밥을
눈물로 비벼주셨고
어린 동생과 나는 맛있게 먹으며
이따 밤에 반딧불을 잡으러가기로 약속하였다.

—「여름방학」전문 12)

「하학길」에서 "나의 길 곁엔/ 도랑물이 도랑도랑 울어쌓고"는 집에 돌아오는 길의 장면을 시청각적 영상으로 그리고 있다. 특히 "도랑"이라는 명사에 청각적 이미지를 합성해서 "도랑도랑" 같은 부사어를 만들어 "도랑물이 도랑도랑" 운다고 그리는 구절은 공감각적 언어조합의 효과를 극대화한 표현이다. 게다가 "나는 쪼맨 노을을 싣고"의 "쪼맨 노을"도 흡사한 효과를 지니는 표현이다. 이어지는 "종이배로 흘러가고 있었다/ 텅 빈 교실의 정적을 싣고/ 외톨이로 흘러가고 있었다"는 술회는 비록 외롭긴 하지만 자연과 벗하는 하학길 장면을 서정적인 수채화처럼 펼쳐 보인다.

이 시에서도 "허기가 만나 냇물로 흐르는/ 연무동 입구 양회다리에/ 까만 책보를 끼고 앉아" 같은 연무동의 허기가 나온다. 하지만 그다지 힘들어 보이지는 않는데, 그것은 자신만의 "종이배"를 기다리는 모습이 환기하는 꿈꾸는 소년상에서 연유한다

---

12) 이승하·우대식 편, 박석수, 『술래의 노래』, 시문학사, 1976, 55쪽.

고 볼 수 있다. "하수구에서 곧 나올 것만 같은" 종이배를 기다리느라 "9.9단은/ 까맣게 잊고 말았"지만 크게 개의치 않는 듯싶거나 좌절감이 두드러져 보이지 않는 느낌도 비슷한 연상에서 나온다. 그 하학길이 "사친회비를 내지 못해/ 늦게까지 벌서고/ 혼자 돌아오는 길"이라는 사정을 마지막에 밝힌 것도 시적 여운을 길게 만드는 대목이다. 어려운 형편에서 비롯된 "혼자"만의 하학길에 시적 영상화를 얹는 화룡점정의 맺음이라 하겠다.

「여름방학」에서는 생활의 곤고함과 상관없이 성장하고 있는 소년의 방학 한때가 더 서정적으로 재현되는 것을 볼 수 있다. "방학숙제로 여름의/ 곡식을 채집하며 다녔다"는 장면은 여느 소년과 다를 바 없는 방학의 모습이다. 게다가 어머니가 비벼준 "오이채에 보리밥을" 맛있게 먹고 잠자리에 드는 모습은 평화롭기까지 하다. 물론 "눈물로 비벼주셨고"라는 대목에서 약간의 슬픔이 묻어나오지만 "어린 동생과 나는 맛있게 먹으며" "반딧불을 잡으러가기로 약속"까지 하는 모습은 보통 가정의 정겨운 장면으로 보인다. 하지만 "달빛이 녹은 골목에서 좌판의 무게만큼이나 아이들은/ 노래와 노래를 꿰어들고/ 내 침울한 어깨를 전송했"다고 회상하는 「연무동 달빛」에서는 "고인 울음에 걸려/ 넘어지기도 하"는 모습이 소년으로서는 힘들었을 시간으로 비친다. 그럼에도 "깨엿이나 찹쌀떡-"을 "목청을 돋워 소리쳤"다는 대목은 소년의 "외로움을" "늘 따순 눈물로/ 덥혀주시곤 했"던 어머니라는 근원적 힘이 있었음을 보여준다. 일상의 허기 속에서도 어깨를 두드려주는 어머니의 손길만큼은 "늘 따순" 기억으로 재현되며 가난 속에서도 온기를 피웠던 것이다. 이러한 기억은 연무동 시편에 자주 드러나는 허기와 함께 박석수의 시적 자질과 자양을 키워준 또 다른 힘으로서의 서정적 온기를 담보한다.

이렇듯 내면화된 연무동의 허기에 대한 기억은 연무동을 벗어나서도 종종 나타나며 박석수를 긴장시킨 것으로 보인다. 하지만 가난한 도시 빈민의 삶에서 비롯된 원초적 기억이 시에는 체험의 진정성을 담보하는 힘으로 거듭난다. 일종의 시적 성장통이라고 할 수도 있는 박석수 특유의 허기가 연이나 팽이나 종이배 같은 매개체들을 통해 흑백의 영상화를 이루며 서정적 효과를 극대화하는 것이다. 시에 자주 등장하는 어린시절 놀이도 연무동의 외롭고 질긴 허기를 넘어가는 열망의 대체물이자 구현체였음을 짐작할 수 있다. 가난한 시절을 함께 넘어온 허기가 도리어 연무동의 삶과 기억을 풍요롭게 하는 서정적 자양으로 확장된 셈이다.

3 술래의 꿈과 노래, 연무동 서정

박석수의 연무동 시편에서 두드러진 특징은 앞에서도 살폈듯이 경험의 재구성이 구체적이고 풍부하다는 점이다. 체험의 시화詩化라고 할 만큼 경험을 바탕으로 한 시가 많은 중에도 연무동 시편은 당시의 삶을 영상으로 그려주듯 구체적 세목들이 선연하게 나타난다. 이러한 특성은 일찍이 "누구나 비속卑俗하다고 발을 뗐던 대지大地(현실現實)에 충실했고, 그 대지大地 속에서 새로운 삶의 애착愛着을 가지고 육박肉迫하며 파고들어 다시 피 끓는 삶에의 약동을 찾고 자"[13]했던 그의 시관과 자세에서 연유하는 것으로 볼 수 있겠다. 연무동이 하나의 시적 본향 같은 곳이었다면 그 시공간의 체험을 재현하고 형상화하는 것이 박석수에게는 당연한 출발점이었을 것이다. 그리고 거기서 나아가는 것부터가 박석수가 꿈꾸던 문학의 또 다른 시작이라고 할 수도 있을 것이다.

  내 어머님의 손톱은
  캐비닛에 갇힌 하늘을 흔드는
  무서운 절망이었네.
  몇 양푼의
  진한 뜨물을 얻어 내기 위해
  자박지 안에서
  어둠에 묻힌 보리쌀을
  一語의 처녀막이 파열될 때까지
  문지르고 또 문질러
  문둥이처럼

---

13) 장백일, 위의 책, 132쪽.

뿌리채 닳고 닳은

내 어머님의 손톱은

연무동 공동우물터의 쌀씻기였네.

굶주린 一家의 증언이었네.

―「손톱」전문[14]

「손톱」은 연무동의 생활 중에서도 구체적인 일상을 더 들여다볼 수 있는 작품이다. "내 어머님의 손톱"을 통해 그리는 "연무동"의 "공동우물터"와 나날의 장면들을 세세히 담아내기 때문이다. 그런 우물터에서 어머니가 늘 하던 "쌀씻기"는 당시 연무동의 일상이었을 공동체 삶의 모습들을 생생하게 재현한다. "자박지 안에서/어둠에 묻힌 보리쌀을" 씻는 모습은 흔히 볼 수 있던 것인데, 박석수는 거기에도 자기 일가의 가난을 과도할 정도로 중첩한다. "일어一語의 처녀막이 파열될 때까지/ 문지르고 또 문질러/ 문둥이처럼/ 뿌리채 닳고 닳은/ 내 어머님의 손톱"이라는 묘사로 허기의 기억이 얼마나 질겼는지 드러내기 때문이다. "처녀막"의 "파열"이나 "문둥이" 같은 과잉의 비유는 "굶주린 일가一家의 증언"으로 각인될 만큼 가난이 무서웠던 소년의 절망감을 보여준다. 가난의 굴레를 벗어나기 힘들던 시절의 기억이 지나친 과장으로 표출된 것이라고 하겠다.

---

14) 박석수, 앞의 책, 113쪽.

그런 연무동 시절의 허기로 각인된 기억은 도시에서 직장을 다닐 때도 무시로 출몰하며 그를 괴롭힌 것으로 짐작된다. 엘리베이터걸이 해당 층을 누르는 장면에서도 섬뜩하도록 "그 시대의 버턴마다엔/ 잊혀진 연무동의 허기가 붙어 있어"(「엘리베이터 안에서」)라며 허기를 겹쳐놓기 때문이다. 이렇듯 도처에서 출몰하는 "연무동의 허기"가 박석수에게는 영원히 지울 수 없는 원초적 체험으로 재현된다. 그의 무의식 속에서나 삶의 현장에서나 떼어낼 수 없는 "연무동의 허기"가 마치 낙인처럼 따라다녔음을 보여주는 대목이다.

이러한 시편 중에서도 다음 시는 박석수의 자서전 같은 점에서 특히 더 주목된다. 어른이 되어서 연무동을 다시 찾아 지난날의 흔적을 되밟아보는 귀로형 구성으로 자신이 지나온 삶의 궤적을 고스란히 담아내기 때문이다.

오랫동안 객지로만 떠돌았지.
너를 찾아 수천 개의
불면의 밤을 온통 뒤졌어. 간혹
끼니를 거르고 잠들면 어김없이
아버지의 불호령은 떨어지고
나는 영산물을 뜨러 2킬로미터의 새벽
산길을 오르내렸지.
꽃이 수줍게 잠 깨는 소리랑

잎 푸른 나무 사이를 달음질하는
새벽 종소리를 데불고
나는 혼자의 산길을 오르내렸지.
노인들의 졸리움도 번개처럼 깨지던
그 차거운 영산물에 어리던 내 영혼.
그리고 오후엔 방화수류정 연못가에서
난이에게 서로 용잠자리 잡아주기 위해
"용잠자리 보배
꽈리 보배 ♪"를 외치며 목젖을 찢던
우리들의 변성기를 보냈던 연무동.
그러나 스무 살 이후에 찾아간
그 마을엔
눈을 찌르는 매움만 살아남고
내게 생존의 의미를 갖게 하던 너는
어디에도, 정말 어디에도 없었어.
시멘트로 바꿔버린 전신주에서
손톱으로 벗겨낸 석고처럼
음성 몇 갈래와
가물가물 잊혀진 노래.
내 시선이 가닿는
모든 사물은 빗장을 걸고
나는 뿌연 시야를 손등으로 비벼대며

조용히 연무동을 걸어나왔어.

―「연무동 사신私信」전문 [15]

이 시는 수원 연무동에서의 박석수와 그 일가의 삶을 자서전처럼 보여준다. 제목도 사신私信을 달았을 만큼 "나"라는 일인칭 주어로 지극히 내밀한 내면의 풍경까지 다 드러내고 있다. 이 시에서 다시 확인할 수 있는 것은 박석수가 살아온 연무동 시절의 어려운 형편과 구체적 생활상이다. 그리고 그의 단짝이자 첫사랑으로 묘사되는 "난이"의 존재감에서 소년 박석수가 키워온 시적 감수성도 엿볼 수 있다. "아버지의 불호령은 떨어지고/ 나는 영산물을 뜨러 2킬로미터의 새벽/ 산길을 오르내렸"다는 대목에 나오는 영산물은 수원 팔달산 물을 일컫는다(당시 팔달산을 영산靈山으로 불렀으며 임병호 시인도 이곳의 물을 뜨러 다녔다고 한다). 그런데 식수를 뜨러 다니는 날에는 늦잠으로 아버지께 혼나는 일도 자주 있었던 것으로 보인다. 하지만 연무동에서 팔달산까지 거리면 어린 소년으로서는 힘들었을 길이건만 "꽃이 수줍게 잠 깨는 소리"를 들으며 다니는 등 당시도 남다른 감각의 소유자였음을 환기한다.

여기 등장하는 "난이"라는 이름은 주목을 요하는데 박석수 시의 여러 편에 출현하기 때문이다. "우리들의 변성기를 보냈던

---

15) 이승하·우대식 편, 앞의 책, 61~62쪽.

연무동"에서는 친구들과 놀던 사춘기 시절과 그 속에 담아온 사랑까지 암시하는 이름으로 나온다. 시에서 특별한 공간으로 등장하는 "방화수류정 연못가"는 수원 화성에서도 제1경으로 꼽히는 방화수류정(동북각루) 앞에 있는 용연이다. 특정 지명과 그곳에 서린 추억을 스냅으로 활용하되 마치 노래를 부르듯 음표까지 넣고 있는데 이 또한 관심을 끄는 표현이다. 몇 편의 시에서 시각적 효과를 고려한 배치가 나타나긴 하지만 이 시만큼 음표를 쓴 경우는 없다는 점에서 박석수의 사랑을 독특한 감각으로 시각화한 사례라고 할 수 있다.

그런데 그렇게 아름다운 추억의 장소도 "시멘트로 바꿔버린 전신주"며 "모든 사물은 빗장을" 거는 변화에 따라 오히려 더 큰 상처로 남았음을 엿 볼 수 있다. 그 상심은 "뿌연 시야를 손등으로 비벼대며/ 조용히 연무동을 걸어나왔어"라는 고백에서 이중으로 커진다. 훗날 고향을 다시 찾을 때 실망하는 세상사와 다를 바 없는 확인이지만, 박석수에게는 "생존의 의미를 갖게 하던 너"조차도 지상에서 완전히 사라진 것이라는 점에서 상실감이 더 크게 작용했음을 알 수 있다.

고향과 관련해서 시에 많이 등장한 "난이"는 박석수에게 매우 중요한 표상이자 존재라는 점에서 더 들여다볼 필요가 있다. 대한일보 신춘문예 당선작인 「술래의 잠」에 "난蘭"으로 나오는 이 이름이 이후 여러 시편에서 계속 나타나기 때문이다. "귓속을 웅웅대는 우수 우수憂愁의 빛깔을 끌어내/ 내가 완전한 자유를 깁고 있을 때/ 내 생애는 난蘭이와 눈 맞추고/ 무궁화 꽃이피었습니다무궁화꽃이피었습니다무궁화꽃이…/ 찾는다"고「술래의 잠」에서 그렸던 "난이"가 이 시에서는 "내게 생존의 의미를 갖게 하던 너"라는 절대적인 존재감을 부여받는다. 또「술래의 노래 9-암실론」에서는 "환각의 다리橋에 물구나무선 나의 일곱 살" 때 같이 놀며 자란 동무지만, 이후에는 "어디에고 나의 밤은 없었다./ 난이가 감겨주던 내 불안은/ 불면의 현상작업이다가"에서 드러나듯, 오랫동안 가슴에 담아온 첫사랑으로 나타나기도 한다. 이렇듯 "일곱 살"부터 박석수 시편 곳곳에 계속 등장하는 것으로 볼 때 "난이"는 어린 시절의 둘도 없는 동무이자 어른이 되어서도 간직한 "영원한 짝사랑 소녀"[16]로 추정된다. 그렇듯 난이는 "생존의 의미를 갖게 하던" 존재에서 더 나아가 "베아트리체와 같은 순정하고 지고지순한 여인"[17]으로 보이는 존재다. 나아가 박석수의 고향 의식과 연계해 읽으면 그의 삶과 꿈과 시를 견인해준 하나의 시적 이상이자 또 다른 시적 고향이라고 할 수 있겠다.

그런데 또 다른 의미로 "난이"를 활용하는 것도 종종 보인다. "난蘭이의 자궁에/ 얼음을 박고 얼음을 박고/ 나는 완전한 무덤이 되고 있었다"(「암실시사회」)는 섬뜩한 표현을 보면 송탄의 많

---

16) 김대규가 쓴 박석수 소설 (『쑥고개』 이가책, 1993) 발문에 "이 책을 내 정신적 지주였던 김대규 형과 영원한 짝사랑 소녀에게 바치고 싶다"(박석수,『철조망 속 휘파람』)고 적은 것을 돌아보는데 그 대상이 난이로 추정 된다. 317쪽.
17) 우대식, 앞의 책, 199쪽.

은 기지촌 여성을 환기하는 기표로 나타나는 것이다. "색동옷 입고 양지쪽에서/ 버선발로 제기를 톡톡 차올리던 난이는/ 지금도 기지촌 어느 변두리 침대에서/ 몇 개의 성욕을/ 어두운 신음으로 차올리고 있을까"(「제기차기」, '쑥고개 29'를 붙여 『쑥고개』에 재수록)라는 대목에서는 기지촌이라는 지역의 문제와 뗄 수 없는 치욕적 역사의 희생양 여성으로 일반화되기도 한다.

송탄 인근에서는 소위 '양공주' 여성들의 삶을 자주 목도했을 것이므로 그런 지역의 현실과 결부시키며 기지촌 속의 생존 문제를 환기하는 것이다. 이러한 시각에 따라 난이는 "햇살이 찰랑이는 뎅구마다/ 난이가 앉아서 미소로 흔드는 손수건"(「뎅구치」, '쑥고개 31'을 붙여 『쑥고개』에 재수록)[18]이라는 '처녀성'이 더 이상 존재하지 않는 기지촌의 현실을 담아내는 역설적인 기표가 된다. 그런 속에서 미국을 향한 분노와 비판과 고통스러운 환멸이 교직되는 평택 시편들은 난이로 표상되는 대상에게 공격 적이거나 격한 표현을 쓰는 것도 있다. 그뿐만 아니라 "누이가 빼앗긴 성性이/반딧불되어/ 고향산천을 날아다니며/ 반짝, 반짝,/ 달라 소리를 낼 때,"(「팽이쌈」)처럼 "반딧불"이라는 서정적 이미지에 "달라 소리"를 엮는 빼어난 공감각 속에 "달라"를 자꾸 달랠 수밖에 없는 사회성으로 확장하기도 한다. 또 다른 "난이" 즉 송탄이라는 기지촌 '누이'들의 암시를 통해 현대사의 질곡

---

18) 이 외에도 첫 시집 『술래의 노래』에 실린 여러 편의 시에 '쑥고개 00' 연작 번호를 붙여 재수록하고 있다.

속에서 가족들을 건사하느라 희생양 노릇을 감수했던 사회적 약자들과 기지촌 삶을 환기하는 것이다.

연무동이 여러 번 등장하는 장시「나의 방화放火」는 여러 면에서 주목을 요한다. 박석수 일가의 삶을 담아내는 세목들이 매우 구체적으로 제시되는 동시에 자신의 꿈과 좌절과 이상에 대한 추구 등 박석수의 심층까지 보여주기 때문이다.

Ⅰ
몸과 몸을 부딪쳐/ 불을 만드는/차돌처럼.// 나의 가슴엔/ 몇 세기를 떠돌던/ 떠돌이 별이/ 부딪혀 와/ 한 줄기 불을 만든다.
(…)

Ⅱ
"연무동의 밤은/ 깊은 수렁이야요."/ 깨끗이/ 백기를 들고 싶다./ 삶,/ 그 자체에// 깨끗이/ 백기를 들고 싶다./ 곰표 밀가루 반 포로/ 한 달을 건디고// 독수리표 밀가루 반 포로/ 다시 한 달을 더 건뎌도// 긴 긴 겨울밤을/ 더디 새리라.
(…)

Ⅲ
빛을 모아/ 불을 만드는/ 화경알처럼,// 나는 연무동의/ 내 유년을 모아/ 불을 만든다.

(…)

IV

사기병 속에 갇힌/ 연무동의 밤이 운다./ 헐벗고 굶주린/ 식솔을 끌어안고/ 일인칭의 밤이 운다.

(…)

밤마다 불자동차가/ 내 잠의 입구까지 싣고 오는/ 수천만 개의 비명,/ 비명도 불타고 있다.// 몸과 몸을 부딪혀/ 불을 만드는/ 차돌처럼,// 나의 가슴엔/ 몇 세기를 떠돌던/ 떠돌이별이/ 부딪혀 와/ 한 줄기 불을 만든다.

―「나의 방화放火」부분 [19]

불은 박석수 시에 자주 출현하는 이미지 중의 하나로 '방화'를 시집 제목으로 삼을 정도로 중요한 상징성을 지닌다. 특히 이 시는 현실의 무엇인가를 불태워버리고 싶은 욕망이 연무동과 깊이 관련되어 분출된다는 점에서 그 이면의 복합적인 심경을 더 짚어보게 한다. 무엇보다 첫 시집을 다 태워버린 "자신의 분서焚書 행위에 대한 무의식적인 연상작용"[20]으로 두 번째 시집 제목을 『방화放火』로 정했으리라는 추정은 맞는 것으로 보인다. 이 독특한 '분서갱유' 사건이 자신의 천재성을 몰라준다는 치기

---

19) 이승하·우대식 편, 『십자가에 못박힌 한반도』, 새미, 2010, 87~96쪽.
20) 김대규, 박석수 소설 『쑥고개』(이가책, 1993) 발문, 315쪽.

어린 불만에서 비롯된 것이라면 당시 문단에 대한 일종의 반항으로 내놓았을 것이라는 추측도 가능하다. 나아가 모든 것을 깨끗이 다 태워버리고 원점에서 다시 시작하고 싶은 다짐이라고 볼 수도 있는데, 그렇다면 방화라는 행위 자체를 일종의 제의祭儀로 삼은 것으로 추정할 수도 있다.

여러 이유가 중첩되어 폭발한 것이 박석수의 '방화'라고 볼 때, 그 바탕에는 "연무동의 허기"로 집약되는 아픔의 경험들이 깔려 있다. "연무동의/ 내 유년을 모아/ 불을 만든다"고 선언하는 것이나 "연무동의 밤은/ 깊은 수렁이야요"라고 되뇌듯 내뱉는 구절에서 박석수의 깊은 절망감이 전해지기 때문이다. "깨끗이/ 백기를 들고 싶다./ 삶/ 그 자체"라는 대목에서 드러나는 열패감 역시 그런 좌절감의 바닥에 떨어진 심정을 역설적으로 토로한 표현으로 보인다. 그렇다면 차라리 불을 질러 과거를 다 지운 바탕 위에서 새로 시작하고 싶은 갈망이야말로 절망의 끝에서 가질 법한 재탄생의 소망일 것이다. 그것이 새롭게 출발하는 길로서의 상징적 분서갱유로 보이는데, 이러한 시적 소실燒失을 통해 또 다른 별을 탄생시키고자 하는 박석수의 시적 대응일 수 있다고 보인다. "나의 가슴엔/ 몇 세기를 떠돌던/ 떠돌이 별이/ 부딪혀 와/ 한줄기 불을 만든다"는 종결이 그런 씨앗의 암시로 보이기 때문이다.

"그의 시는 아편이 아니면 독약이었다. 어느 것이든 읽으면 육체도 영혼도 취해서 혼곤해지는 듯한 느낌이었다"[21]는 이외수의 발문(『방화放火』)에서 보듯, 박석수의 시는 마취력 같은 특유의 시적 흡인력을 갖고 있다. 「나의 방화放火」에 나타나는 자기 인화 혹은 현상 같은 장면들에서는 그런 힘이 더 역동적으로 발휘되는 것을 확인할 수 있다. 무엇보다 다 태우고 다시 시작하고 싶은 "방화"의 욕망을 추구하거나 그것을 시적으로 실현한다는 점에서 강렬한 힘을 발휘한다. 특히 "몸과 몸을 부딪혀/ 불을 만드는/ 차돌"이라는 구절은 박석수 특유의 반항적이고 저돌적인 기질을 보여주는데 여기에 낭만성을 더한 시인으로서의 열정이 촉발하는 흡인력이라고 할 수 있을 것이다.

이러한 시편에서 연무동의 서정적 재현을 견인하는 힘은 무엇보다 박석수의 밀도 높은 언어와 이미지 형상력이라고 할 수 있다. 예컨대 "내 영혼을 찢어 흔드는 소요"(「팽이쌈」)나 "햇살 속을 기어다니는 고요"(「하학길」) 같은 비유는 누구나 겪은 체험을 새로운 시각적 영상으로 제시한다. 먼 거리의 이미지나 단어를 충돌시키거나 결합하는 박석수 식의 낯설게 하기 또한 새로운 서정을 촉발하는 요소로 작용한다. "연무동의 밤이 운다./ 헐벗고 굶주린/ 식솔을 끌어안고"라는 대목처럼 울음이 자주 출몰하는 편인데도 불구하고 나약한 회고에 함몰되지 않는 것은 박석수 특유의 감각적인 형상화에서 연유한다. 가난과 관련 체험

---

[21] 이외수, 이승하·우대식 편,『십자가에 못박힌 한반도』, 새미, 2010, 201쪽.

의 소환이라는 소재가 지닐 법한 감상에 곡진함을 더하는 감각적 형상화로 새로운 연무동 서정을 발굴한 것이라 하겠다.

4 나오는 말

지금까지 살펴본 박석수의 연무동 시편에서 우리는 어린 시절 특유의 허기와 열정이 곡진한 서정으로 재구되는 것을 볼 수 있었다. 연무동에 대한 시들은 주로 어린 시절의 체험을 바탕으로 재현되는데 그의 탁월한 언어감각에 힘입어 새로운 서정으로 거듭나는 것이다. 박석수의 연무동 시편에 특히 많이 등장하는 어린 시절 허기는 그의 가족이 경험한 생활 속의 실제적 허기가 주를 이루지만, 문학이라는 높은 꿈을 쫓던 소년의 예술적 허기에 중첩되면서 시적 매력을 견인하는 요소로 작동하기도 한다. 이렇듯 현실적 허기에 서정적 물기를 더하는 감각적 형상화는 연무동 서정으로 부른 시편들에 특히 효과적으로 발휘되고 있다.

박석수 시에 새로운 서정을 더하는 중요한 힘은 체험에 감도를 높이는 언어 구사와 이미지 환기력이라고 볼 수 있다. 대부분 회고나 추억의 재현에는 미화를 입히는 각색이 많아서 시적 긴장이 퇴보하기 쉽다. 하지만 박석수는 좌절과 갈등과 동경 같은 요소들의 적절한 배합을 통해 시적 효과와 서정적 호소력을 높인다. 특히 가난하고 힘들었던 어린 시절 체험의 서정적 소환과 이미지 조합은 수원의 한 외진 동네인 연무동을 한국시문학사에 등재시킨 결과가 되었다. 특정 장소를 통한 박석수의 추억과 재현이 연무동이라는 새로운 시적 주소를 기입한 것이다.

『박석수의 삶과 문학』(2017 상반기 평택학 학술대회-평택문화원 자료집)

박석수 인물 콘텐츠화
— 박석수… 무엇을 어떻게 기억할 것인가

박명호/평택저널 대표

1 주한미군과 한반도, 그리고 박석수

'한·미 정상회담 코앞에 대통령이 사드 논란 전면 나서면'(조선일보 6월 1일 사설), '사드 갈등' 성주…보수단체 집회 예고에 긴장(6월 16일 채널A), 문재인 대통령, 사드 배치 과정에 의문 제기(6월 23일 YTN)….

사드THAAD(고고도미사일방어체계)와 관련된 언론의 최근 보도 제목들이다. 6월 29일 문제인-트럼프, 한·미 정상을 앞두고 사드 문제가 연일 정치권을 강타하고 있다. 사드의 한반도 배치를 둘러싼 논란이 향후 어떻게 귀결될 것인지 예단하기는 힘들다. 다만 우리는 사드 문제가 정치권뿐만 아니라 개인, 지역, 나라(중국, 북한, 미국, 한국)에 따라 찬반으로 첨예하게 대립될 만큼 많은 사람들의 관심이 집중되고 있다는 사실을 확인할 뿐이다.

박석수와 사드가 무슨 상관이란 말인가. 박석수를 말하는 자리에서 사드는 느닷없는 일인지도 모른다. 박석수는 이미 1996년 9월 12일에 세상을 떠났고, 사드 문제가 촉발된 것은 20년 뒤인 지난해이기 때문이다. 그러나 한번 따져보자. 사드는 기본적으로 주한미군 문제다 민족 최대 모순인 남북분단 문제다. 한반도 평화 문제다. 무엇보다 우리 삶과 직결된 문제다. 그러고 보면 이것은 모두 박석수가 죽기까지 시와 소설에서 줄기차게 제기했던 문제 아닌가. 박석수 문학과 사드가 무관하지 않은 이유다.

많은 논란에도 불구하고 사드는 주한미군에 관한 한 근본적으로 박석수가 살았던 시대와 지금이 크게 달라진 것이 없다는 것을 환기하고 있다. 박석수는 세상을 떠났지만 그와 그의 문학이 남긴, 그의 문학이 담고 있는 의미가 여전히 살아 있음을 확인시키고 있다. 더구나 2003년 노무현정부 때 결정된 주한미군의 평택 이전 집결이 내년(2018년)에 완료되는 것을 감안하면 박석수 문학이 가진 가치와 의미는 더욱 커질 수밖에 없다.

2 박석수와 그의 문학…기억하고 알리기

그러니 지금 무엇을 해야 할 것인가. 박석수의 생물학적, 문학적 고향인 평택(송탄)에서 살아가고 있는 우리가 해야 할 일은 무엇인가. 오늘 이 학술대회는 박석수의 삶과 문학을 이해하고, 우리가 해야 할 일이 무엇인지 지혜를 모으는 자리이기도 하다.

박석수를 기억하고 알려나가자. 평택지역에서 가장 먼저 해야 할 일이다. 2002년의 일이니 벌써 15년 전이다. 필자는 중부일보 기자로 '송탄 작가 박석수의 문학공간을 따라소설 속에 스며든 쑥고개의 자취들…'이란 제목의 기획기사를 썼다. 미군부대, 철길, 좌동교회, 쑥고개, 서정리시장…. 박석수 소설에 나오는 실제(현실의) 무대를 따라가며 평택(송탄)에 박석수란 문인이 있었다, 그의 작품은 주한미군이 주둔하는 우리의 현실에서 시사하는 바가 적지 않다…. 기사는 대체로 이런 내용을 담았다. 글을 쓴 취지는 간단하다. 먼저 평택(송탄)사람들만이라도 박석수와 그의 문학을 알아야 한다고 생각했다. 당시, 아니 지금도 평택시민 중에서 박석수를 아는 사람이 1%나 될까? 아무튼 지역에서 박석수를 아는 사람은 찾아보기 힘들었다. 박석수와 그의 문학 알리기가 절박했다.

시간이 흘렀다. 지난 4월 박석수기념사업회준비위원회가 출범했다. 의미가 크다. 준비위원회가 구성되었다는 것은 그만큼 지역에서 박석수에 대한 관심이 많아졌다는 뜻의 다른 말이기도 하다. 그러나 사정이 크게 좋아진 것은 아니다. 박석수와 그의 문학을 이야기하는 사람은 여전히 소수에 불과하다. 이쯤이면 지역에서, 또 앞으로 출범할 박석수기념사업회에서 우선해야 할 일이 무엇인지 분명해 보인다. 그것은 일차적으로 시민에게 박석수라는 인물과 그의 문학을 알리는 일이다

무엇을 어떻게 기억하고 알릴까. 이번 학술대회에서 필자에게 맡겨진 과제다. 본래 던져진 주제는 '박석수 인물 콘텐츠화'다. 그러나 문화콘텐츠에 대한 정의의 다양성, 그리고 문화콘텐츠 뒤에 으레껏 따라붙는 산업, 혹은 문화산업이라는 용어에 내

포된 다음의 것을 가급적 피하기 위해서다.

    문화는 삶과 사유의 방식이고, 삶의 질과 직결된다. 하지만 21세기 들어 문화가 부각되고 있는 이유는 문화의 경제적 가치 때문이다. 문화가 고부가가치의 원천이 되고 있고 새로운 성장동력이 되고 있는 것이다. 이제는 문화산업이 중요해지고 있고 문화콘텐츠가 주목받고 있다. 문화콘텐츠산업은 미래산업이고 전략사업이라고들 말한다.
― 최연구, 『문화콘텐츠란 무엇인가』(2006, 살림)

박석수를 말하며 처음부터 지역의 경제적 가치, 문화산업 운운하는 것은 번지수를 잘못 짚은 것이란 판단 때문이다. 왜 그런가. 다음의 말을 귀담아 들어보자.

    '지역의 작은 문화콘텐츠 활성화 방안에서 문제의 핵심은 지역성, 총체성, 연계성, 독창성 등의 키워드로 축약될 수 있을 것이다.'
― 류웅재·강승묵·이영주, 『작은 문화콘텐츠 만들기』(2011, 한울아카데미)

평택지역에서 박석수와 그의 문학을 기억하고 알려내는 일은 의미가 적지 않다. 필자가 미군기지와 평택을 말할 기회가 있을 때마다 언급한 것처럼 평택에는 주한미군이라는 산천이

자리하고 있다.

'아버님은 그 책에서 사람은 그 부모를 닮기보다 그 시대를 더 많이 닮는다고 하였지만 내가 고향에 돌아와 맨 처음 느낀 것은 사람은 먼저 그 산천을 닮는 다는 발견이었습니다.

— 신영복, 『나무야 나무야』(2010, 돌베게)

박석수 문학전집 발간

그래서 구체적으로 어떤 일을 해야 하는가. 시든, 소설이든, 박석수의 작품집은 모두 절판된 상태다. 박석수 작품을 펴낸 출판사 대부분이 문을 닫았다. 시집은 그나마 다행이다. 제1시집 『술래의 노래』(시문학사, 1976), 제2시집 『방화放火』(평민사, 1983), 제3시집 『쑥고개』(문학사상사, 1987)를 하나로 묶어 2010년에 『십자가에 못 박힌 한반도』(이승하·우대식 편, 새미)를 발간했다. 그러나 소설과 콩트, 르포 등은 헌책방을 샅샅이 뒤져야 겨우 찾을 수 있을 정도로 텍스트가 정리되어 있지 않다. 적어도 평택지역 모든 도서관에서는 박석수 문학전집이 비치되어 있어야 하지 않을까. 박석수를 기억하고 알리는 일은 무엇보다 작품과 직접 만나는 것이 중요하다. 흩어진 작품을 한자리에 모으는 전집 발간이 절실하다.

문학비 건립

박석수 시비 건립은 먼저 박석수를 기리는 뜻이 크다. 여기에 덧붙여 그것을 바라보는 시민들에게 그가 누구인지 알리는 역할 또한 중요하다. 신장동 근린공원을 박석수공원으로 명명하고 그곳에 시비와 박석수 관련 조형물을 설치하는 것도 고려해볼 만하다.

박석수 문학 속 '쑥고개' 로드텔링

박석수 생가, 작품 속 문학공간 등을 찾아가 이야기하는 로드텔링도 박석수를 기억하고 알리는 일에 크게 기여할 것으로 보인다. 이는 새삼스러운 것이 아니다. 앞서 2014년에 특집으로 발행한 『월간 평택문화』는 이미 작품 속 지명, 지도, 길, 사진 촬영 등을 정리해놓았다. 가칭 '쑥고개 로트텔링'은 평택시문화관광해설사와 시민이 적극 활용할 수 있기를 기대한다.

박석수문학거리 조성

박석수의 흔적을 되살려 박석수문학거리 조성도 박석수를 기억하고 그의 문학을 알리는 방안이 될 수 있다. 이를 위한 방안으로 골목이 많은 신장 1·2동에 박석수의 시와 작품집에 들어갔던 삽화 등을 벽화로 그리는 일도 고려해볼 만하다.

이 밖에 중장기적으로 박석수문학상 제정, 백일장을 비롯한 문학행사, 문학관 건립, 생가 보존 등이 필요하다.

3 맺음말

필자는 연구자가 아니다. 이번 학술대회에서 한 필자의 발제는 한 언론인으로서, 또 박석수와 그의 문학에 애정을 가지고 있는 평택지역의 한 시민으로서 평소 생각해왔던 것을 소박하게 정리한 것에 불과하다. 체계와 전문성이 부족함을 절감한다. 모쪼록 이번 학술대회가 지역에서 박석수와 그의 문학을 기억하고, 알리고, 연구해나가는 단초가 되기를 기대한다. 본 학술대회를 주최하고 주관한 평택시와 평택문화원에 감사를 드린다.

『박석수의 삶과 문학』(2017 상반기 평택학 학술대회-평택문화원 자료집)

| 제3부 |

박석수문학의 흔적

머리에
나의 독자들에게
내 영원한 짝사랑 소녀에게
어둠은 신의 청진기
작가의 말
후기
미지의 독자들에게
너무 함부로 살아온 인생
소설 속 그 사람
'소설 李外秀'에 대한 나의 생각

머리에

　7년 전 序文도 後記도 없이 첫 詩集『술래의 노래』를 묶어내면서 나는 이제 죽어도 좋다는 생각을 했었다. 술래 連作詩 서른네 篇과 長詩 두 篇이 전부였던 그 詩集 속엔 모든 것으로부터 떨어져나온 내가 피투성이로 완벽하게 들어가 있었기 때문이었다.

　다시는 詩를 쓰지 않아도 좋으리라는 생각을 했었다. 아니 더 이상 쓸 詩도 없다고 믿었었다. 그만큼 나를 송두리째 묻어버릴 수 있었던 것이「술래의 노래」였으며 詩集을 낸 이후 찾아온 깊은 정적과의 투쟁에서도 나는 깨끗이 詩를 포기할 수 있기를 눈물로 희망했었다.

　정말 오랫동안 나는 희망대로 詩를 쓰지 못했고, 詩를 쓰지 못하는 그 기간 동안 나는 오직 남의 원고를 校正 보는 일로만 살아왔다. 그러면서 誤字를 찾아내듯 성실하게 사람 살아가는 일과, 사람 사랑하는 일들을 하나씩 깨우쳐왔다. 지금, 스스로의 처음 생각을 배반하면서까지 이처럼 다시 두 번째 詩集『放火』를 묶게 된 이유는 혀를 깨물며『술래의 노래』를 찢어버려서가 아니라, 찢어진 그 詩集 속에 참혹하게 누워 있는 내 영혼의 불꽃이 채 사그러지지 않았음을 확인했기 때문이었다.

 그렇다. 나는 아직 충분히 젊었으며 그래서 무기력하게 쓰러졌던『술래의 노래』에서 나를 다시 일으켜 세워 힘있게 詩의 길을 걸어가고 싶어서였다. 아니 7년간 계속됐던 그 죽을 것만 같았던 지독한 詩瘦病에서 깨어나고 싶어서였다. 아아, 살고 싶어서였다.

 지난 12년간 내 정신적인 양산박이었던 詩와 몇몇 형님과, 이번 詩集을 묶도록 해주신 분과, 기쁘게 解說과 跋文을 써주신 분에게 고마움을 느낀다. 앞으로 새로운 각오로 좋은 글을 써서 보답하고 싶다.

 아아, 세상이 깜짝 놀랄 것이라는 못난 자식 말만 믿고『술래의 노래』를 낼 때 빚을 얻어주신 어머님의 臨終 앞에 이 못난 자식의 눈물 대신『放火』가 놓여지길 희망한다.

제2시집『放火』의 시인의 말, 1983년 평민사刊

나의 독자들에게
내 영원한 짝사랑 소녀에게

1

솔직하게 고백한다면, 나는 첫 시집 『술래의 노래』를 낼 때 내 시집만 나오면 한국시단이 발칵 뒤집힐 줄만 알았었다.

그러나 막상 시집이 나오자 발칵 뒤집힌 것은 못난 자식 말만 믿고 이잣돈을 얻어주셨던 어머니의 가슴이었다.

자비출판으로 간행한 나의 첫 시집 1천 부는 종로서적과 양우당 두 군데 시점에서 각 20부씩 그렇게 40부 정도만 팔리고 나머지는 방구석에 그대로 쌓여 있었다. 한국시단에 바친 나의 처녀 시집은 결국 만신창이가 되고 만 셈이었다. 나는 나머지 시집들을 모두 찢어 불태워버린 후, 다시는 이 땅에서 시를 쓰지 않기로 굳게 결심했었다.

2

나는 정말 오랫동안 나의 결심대로 시를 쓰지 않고(아니 쓰면서도 발표하지 않고) 잘 견뎌왔었다. 그러다가 1983년이던가 평민사에서 「평민의 시」 시리즈로 시집을 한 권 묶어보지 않겠느냐고 물어왔을 때 나는 고민했었다.

어쩔 것인가. 결국 나는 『放火』라는 시집을 묶어내면서 「처녀시집을 낼 때 이잣돈을 얻어주신, 그로해서 끝내 돌아가신 어머니에게 이 시집을 바친다」라는 헌사를 붙였었다.

지금 『放火』는 국내 서점에서는 절판되어 구할 수 없지만, 세계 최대 도서관인 「미국의회도서관」에 소장되어 있다는 연락을 컴퓨터 자료와 함께 최근 받았다.

3

이제 나의 세 번째 시집이 「문학사상사」에서 나온다. '쑥고개'라고 하는 연작시만 한데 모은 것이다. 소설을 쓰느라고 시를 발표할 기회가 좀체로 주어지지 않던 나의 미발표 시도 상당수 포함되어져 있어 이번 시집의 제목을 그냥 「쑥고개」라고 붙이기로 했다.

나는 이 『쑥고개』를 내 영원한 짝사랑 소녀에게 바치고 싶다.

문단에 데뷔한 지도 어언 18년이 되었다. 내가 어렸을 때부터 그 소녀를 가슴 속에 가두어두고 혼자 짝사랑만을 해온 바로 그 햇수다.

겨울이다.

이번 겨울에도 함박눈은 내리리라.

함박눈을 맞으며 그 소녀가 지금 어디선가 꼭 걸어올 것만 같다.

1987. 12

박석수

제3시집 『쑥고개』 시인의 말, 1987년 문학사상

작가의 말

어둠은 신의 청진기

1

나는 정상적으로 학교를 다녀본 적이 없어서 학연學緣이라는 것이 어떻게 생겨먹은 것인지, 또 쑥고개라는 곳에서 어느 날 문득 상경한 놈이기 때문에 지연地緣이라는 것이 어떻게 생겨먹은 것인지를 잘 모른다.

그 흔해빠진 동창생들의 모임에도 나는 참석할 수 없었고, 은사님의 회갑연에도 나는 참가할 수 없었다.

그러면 그럴수록 나는 책만 읽었다. 철들기 전부터 외국어를 포기해버린 나로서는 남들이 원서原書 한 권을 읽을 동안, 그에게 뒤떨어지지 않기 위해서는 번역서 백 권을 읽어야 한다는 강박관념에 늘 시달리고 있었다.

다소의 과장법이 허용된다면, 나는 우리 나라에서 우리 나라 말로 간행되어진 월간지를 제외한 거의 모든 책들을 아마 다 읽었을는지도 모른다. 그만큼 책에 대한 나의 허기는 거의 살의를 느낄 정도였다.

그러다가 한 분의 스승을 만나면서부터 나는 비로소 깨달았다. 그분은 그런 강박관념 속에서 헤매고 있는 나를 해방시켜주었다. 거의 완벽하게.

그분이 바로 천승세 선생님이었다.

2

"어둠이 신의 청진기라는 사실마저 깨닫지 못했다면 나는 아마 진작에 내 몫의 삶을 포기해버렸을지도 모른다.

햇빛 잘 드는 양지 쪽에서만 서성이던 이들은 모르리라. 1인칭의 어둠을. 그리고 시대라는 시험관 속에서 가장 먼저 변색되어지는 한 장의 리트머스 시험지가 끝내 누구의 이름인가를.

이제 나는 버리리라.

벙어리가 말로 표현하기 어려울 때 손짓 발짓 이마의 힘줄까지를 쥐어뜯던 그런 성급한 몸부림을, 詩를 버리리라. 소설이라는 수화手話로서 처절하게 버림받은 이름 하나 사랑하는 길을 배워가야겠다.

그렇다. 내게 있어서 오늘 소설은, 모든 것으로부터 떨어져 온 나를 철저하게 집어던질 수 있는 그런 위대한 삶이 되지 않으면 안 된다."

이것은 1981년도 『월간문학』 신인상에 소설이 당선되어 내가 쓴 당선소감 중의 앞부분이다. 1971년도에도 나는 당선소감이라는 것을 썼던 적이 있었다. 신춘문예에 '술래의 잠'이라는 시가 당선되었을 때인데, 그때 내가 썼던 당선소감은 내 시를 뽑아 준 심사위원들에 대한 불신의 표명이었다. 그러나 막상 심사를 맡았던 두 분 심사위원께서는 자신들에 대한 불신과 욕설을 발표할 수가 없었던 모양인데, 그것은 엄밀한 의미에서 예술정신에 대한 하나의 모독일 수밖에 없다는 나의 생각엔 지금도 변함이 없다. 내가 굳이 『월간문학』의 당선소감까지를 인용해가며 다시 이런 말을 할 수밖에 없는 것은 오늘의 수화로서는 내 안의 답답함을 풀 길이 없기 때문이다.

3

여기에 수록된 소설은 단편 5편, 그리고 중편 3편이다. 이것은 거의가 내 고향 쑥고개 이야기가 중심이 되어 있을 뿐만 아니라, 내 생활의 편린들을 짜깁기 형식으로 드러내놓은 것만 같아 조금쯤은 창피스럽기도 하다.

그러나 기왕의 기지촌을 소재로 쓰여진 다른 소설을 몇 편 읽고서 나도 만용을 부려 이것들을 모아보기로 했다.

모아놓고 다시 읽어보니 아직도 끝맺지 못한 것들이 대부분이어서 많이 부끄럽고 또한 죄송스럽다.

그러나 이 글들을 하루 빨리 완결시킬 수 있게 되기를, 그런 시대가 어서 와주기를, 내 게으름을 더불어 자성하면서 간절한 마음으로 빌어본다.

작가 자신도 잊고 있었던 소설들을 한 권의 책으로 묶을 수 있도록 용기를 주신 윤정모 형과 별로 좋지도 않은 소설에 깊은 애정의 눈길을 보내주신 몇 분 평론가 선생께 깊은 감사를 드린다.

  이것은 나의 첫 번째 창작집이다. 이 책을 내 정신적 지주였던 김대규 형과 영원한 짝사랑 소녀에게 바치고 싶다.

  끝으로 이 책을 묶도록 격려해주신 조명준 사장께는 끝없는 감사와 우정을 느낀다.

1988년 1월

박석수

소설 『철조망 속 휘파람』 1988년 한겨레

작가의 말

오랫동안 몸 담아오던 잡지사를 결국 그만둘 수밖에 없을 정도로 나의 건강은 극도로 악화되어 있었다.

4톤짜리 트럭 두 대에 이삿짐을 나눠 싣고 서울 톨게이트를 벗어나면서 나는 참담한 절망감과 오랜 긴장감에서 비로소 해방되는 듯한 기묘한 기분이 들었다.

충남 당진이라는 낯선 곳으로 내려가 그곳에 전세집을 하나 마련해놓고 우리 세 식구는 그 집에서 살았다. 아이를 그곳 국민학교에 입학시켜놓고, 아내는 그곳 보건소에 취직을 했다. 나는…종일…빈집을 지키면서…빈둥거렸다. 12년 동안 한번도 갈지 않고 써왔던 밧데리를 새롭게 충전시킬 수 있는 모처럼만의 기회였다. 1년 반을 그렇게 빈둥거리다가 어느 날 나는 원고지를 붙들고 끄적끄적 써내려갔다. 그렇게 해서 완성한 것이 단편「거울」과 중편「동거인」「우렁이와 거머리」등이었다. 내가 유독 이 두 편의 중편에 대해서 각별한 애정을 갖게 된 것은, 문단의 긍정적 평가와는 별도로 이 소설을 완성하고 나서부터 내 건강이 말끔히 회복되어졌기 때문이다. 참으로 신비스러운 일이 아닐 수 없다.

어딘가에 있을 나같이 외롭고 불행한 이웃들의 가슴에 부끄러운 이 두 편의 글들이, 부끄럽지 않게 가 닿을 수 있게 되기를 빌 뿐이다.

1988년 5월

박석수

소설 『우렁이와 거머리』 작가의 말, 1988년 고려원

후기

차표 한 장에 대해서는 할 말이 많다.
그러나 입을 다물기로 하자.
다만 이 작품을 곧 이어서 쓸 수 있는 생명이
내게 남아 있는지 없는지는
하느님의 뜻일 뿐….

1990년 2월

박석수

소설 『차표 한 장』 작가의 말, 1990년 도서출판 푸른숲

책을 내면서

미지의 독자들에게

1

이 책은 나의 두 번째 콩트집입니다.

첫 번째 콩트집 『독 안에 든 쥐』가 나오자마자 재판 3판에 돌입하는 이변을 보인 탓일까, 아니면 그것과는 무관하게 사보의 편집자들이 내가 쓴 콩트를 재미있게 읽어주었기 때문이었을까. 어쨌거나 직장도 없이 나는 한동안 사보에 콩트만 써서 생활해왔다.

이제 『독 안에 든 쥐』 이후 사보의 청탁에 맞춰 쓴 콩트 가운데 서른한 편을 골라 또 한 권의 책으로 묶는다.

무엇 하나 이루어놓은 것 없이 문단 데뷔 20년 동안을 잡지 만드는 일 한 가지만 해오느라고 허송세월을 보낸 것 같아 많이 부끄럽다. 무엇보다도 나의 재능을 아껴주셨던 주위의 몇몇 분들에겐 끝없이 죄송스러운 마음 금할 길 없다. 하지만 콩트도 문학이라는 나의 신념엔 아직도 변함이 없다.

이 책은 내가 쓰러지기 전 한 직장에서 함께 일했던 동료의 주선으로 내게 된 것임을 밝혀두고 싶다. 내가 병원에 누워 있을 때 가끔 찾아오던 그 동료는 어떻게 사장님을 설득시켰는지 모르지만 내가 사는 잠실 부근의 한 다방으로 사장님을 모시고 나와 당장의 약값과 생활비가 없어 쩔쩔매던 아내에게 거액(?)의 선인세를 내주었다. 그 동료의 말 없는 애정과 사장님의 배려가 고맙고 아름답고 소중하다.

모쪼록 이 콩트집이 독자들에게 많이 팔리길, 그리하여 아직 무명인 '박석수'와 '글빛'의 이름이 함께 빛날 수 있게 되기를 기원한다.

2

내가 존경하는 어떤 분은 한때 모처에서 소설을 못쓰게 해서 사보에 콩트를 쓰는 것으로 겨우 살아냈다고 밝힌 바 있다. 그러나 그분은 발표만 하지 않았을 뿐 글을 쓰고 싶은 욕구를 발표에 상관없이 쓰셨을 것이라고 혼자 생각해본다.

그분의 참담했을 당시의 심경에 지금의 나를 비유하는 것은 가당치도 않지만, 누군가가 못쓰게 해서 못쓰는 것과 쓸 것이 있는 데도 체력과 정신력이 감당해내지 못해 쓰지 못하는 경우와 어느 쪽이 더 안타까운 일인가를 요즘 나는 깨닫고 있다.

『철조망 속 휘파람』이라는 창작집이 나온 지 벌써 5년이 된다. 그런데 그 이후 나는 단 한 편의 단편도 쓰지 못했다. 그 책이 나왔을 때 문단의 여러 어른과 같은 길을 걷는 동무들이 보내주셨던 기대를 실망시켜 드리지 않기 위해서, 그리고 먼 훗날의 몇 되지 않을 내 독자를 위해서라도 나는 정말 좋은 글을 쓰고 싶다. 그렇다. 이제 그런 글을 쓰기 위한 워밍업은 끝났다.

  그동안 나를 믿고 콩트를 청탁해주셨던 사보의 편집 담당자 분들에게, 이 책을 예쁘게 꾸며주신 도서출판 글빛의 임춘식 사장님과 편집부 직원들에게, 해설을 써주신 김승옥 교수님께, 첫 번째처럼 다시 삽화를 맡아주신 김천정 화백님께, 늘 잊고 살아온 그러나 문득문득 생각나는 김동억 신부님께, 아내와 잠실성당의 자매님들에게, 고마우신 여원사의 김재원 사장님과 이정숙 선생님께, 그리고 무엇보다도 이 책을 읽어줄 미지의 독자들에게 무한한 신뢰와 감사를 전한다.

1992년 4월

잠실蠶室에서 박석수

콩트집 『분위기 있는 女子』 작가의 말, 1992년 도서출판 글빛

작가의 말
너무 함부로 살아온 인생

  나는 최근 들어 내가 살아온 삶에 대해 아주 회의적인 생각이 들 때가 많다. 그것은 내가 인생을 너무 함부로 살아왔는지도 모른다는 자성이 들기 때문이다. 더욱이 쓸데없이 이렇게 자꾸 책만 만들어 도대체 어쩌자는 것일까. 이것이 나를 구원해줄 수 있는 방법이라도 되는 걸까. 그렇지는 않을 것이다. 그런데도 나는 어쩌자고 이렇게 또 부질없는 짓을 저지르고 말았는지 모를 일이다.

  나는 이 책을 내 독자들에 대한 최소한의 양심으로 내가 처음 냈던 창작집『철조망 속 휘파람』과는 철저히 구분짓고 싶었다.

  그 속에 있는 거의 대부분의 작품이 그러하듯, 여기 수록된 작품도 한 편의 예외없이 모두 내가 태어나 성장한 내 고향 쑥고개를 소재로 한 것이어서 제목을『쑥고개』로 정했다. 읽고 많은 깨우침 주시길 기대한다.

1993. 6.
잠실에서 박석수

소설『쑥고개』작가의 말, 1993년 이가책

소설 속 그 사람

 이 작품은 내게 참으로 잊지 못할 여러 가지 얘깃거리를 지닌 소설이다.
 미완의 이 장편소설 배경은 『철조망 속 휘파람』에 나왔던 기지촌 쑥고개의 그 후의 모습이다. 이 소설에 나오는 대부분의 인물들은 거의 대부분이 실존인물이거나 내용도 사실에 가깝다.
 미군부대 주변에서 화실을 경영하던 김소영은 김옥기金玉基 누님을 모델로 한 것이고, 월북한 그녀의 아버지나 내 막내삼촌을 한데 접목시켜 빨갱이 가계를 만들었다.
 마약 밀매에 손을 댄 깡패로 그려진 털보는 내 친구 털보의 이미지를 그대로 그려본 것이다. 그리고 미국이라는 거대한 나라로 분재기술 하나만 가지고 쳐들어간 황선구라는 소설 속 인물도 내 친구 상룡이에 다름아니다. 이러한 사실들을 소설적으로 재구성한 것이 바로「차표 한 장」이었다.
 1987년까지만 해도 이북 얘기는 거의 금기시되었기 때문에 나는 소설의 끝을, 이남에서 삶에 지칠 대로 지친 김소영이 얼굴도 한번 본 적이 없는 아버지를 찾아 평양행 차표 한 장을 사는 것으로 처리할 예정이었다.

그러나 그것은 어차피 상징적으로 처리할 수밖에는 별 도리가 없을 것 같았다. 전 3부 중 제1부를 겨우 끝냈을 무렵 나는 뇌종양으로 쓰러졌고, 그래서 나의 대표작이 될는지도 모를「차표 한 장」은 중단되었다.

당시 연재를 했던 『마드모아젤』에 연재가 3회를 넘기면서부터 몇 군데 출판사에서 조심스럽게 출판 제의가 들어왔으나 이미 그 작품은 행림에서 출판하기로 계약서를 작성하고 난 후였다.

어쨌거나 내가「차표 한 장」의 2부와 3부를 남겨놓고 쓰러지자 그 1부만 가지고는 책을 내기가 좀 뭣했는지 3백매만 더 써주면 특별원고료를 주겠다고 해서 알겠다고 대답한 후 3백매를 더 쓰려하자 왠지 모든 게 시들해졌다. 왜냐하면 한 2년 사이에 문인, 국회의원, 대학생, 신부 등이 줄이어 이북에 다녀오게 됨으로써 내가 처음 생각했던 소설적 의도가 많이 반감되었기 때문이기도 했지만, 무엇보다도 다시 그 소설을 이어서 쓸 의욕도, 건강도 많이 잃고 말았기 때문이었다.

나는 2년 전을 떠올렸다. 내가 당진에서 요양을 하고 있을 때, 몇 번씩이나 걸음하신 천승세 선생님의 부탁대로 나는 1년 8개월 만에 아내의 반대를 무릅쓰고 다시 상경해 '한겨레'에서 일했다. 그리고 틈틈이 옥기 누님을 찾았다.

어느 출판사나 첫 번째 내는 시집이 그 출판사의 성격을 결정지어준다고 나는 평소 굳게 믿어왔다. 창비의 첫 시집이 신경림 선생의 『농무』였고, 문지의 첫 시집이 황동규 선생의 『나는 바퀴를 보면 굴리고 싶어진다』가 그 좋은 예이다.

나는 그녀의 시집으로부터 '한겨레 시집'을 출발시키고 싶었다. 그러나 누구도 그녀의 소식을 알고 있는 사람은 없었다.

내 아파트 옆방을 빌어 한 몇 년쯤 살다가 내가 이사하면서 그녀가 마지막으로 떠난 곳은 의정부였다. 그녀는 거기서도 방을 한 칸 빌어 살고 있었다. 그때 이웃에 함께 살던 구멍가게집 주인 송인식 씨(그는 〈시와 시론〉 동인이기도 했다)도 모르고, 유신시절 기관에 쫓겨다니며 가끔 누님의 화실을 거점으로 시를 일본으로 송출하던 어떤 시인도, 그리고 〈시와 시론〉의 대장인 김대규 형조차도 그녀의 소식을 깜깜 모르고 있다는 사실이 나는 까닭 모르게 분하고 원통했다.

그 무렵 미혼여성지 『마드모아젤』에서 연재 제의가 들어왔고, 나는 그녀를 주인공으로 해서 소설을 한번 써볼 결심을 굳혔다. 그러나 그녀를 주인공으로 한 「차표 한 장」은 아직 내 미완의 장편으로 남아 있고, 나는 죽기 전에 그녀가 아직 평양행 차표를 끊지 않았음을 지난해 확인했다.

그녀는 내가 상경해서 찾아헤매던 2년 동안 어딘가에 숨어 있다가, 이제 내 앞에 모습을 드러낸 것이다. 고희원 형 아들 돌 때 갔다가 전혀 의외의 인물에게 옥기 누님의 소식을 들은 것이다.

    50세도 훨씬 넘은 나이에 아직 처녀로 있으면서, 문단에 데뷔도 하지 않은 채 그녀는 외롭게 숨어 투쟁하듯 시 쓰고 그림만 그렸다. 그것이 내가 사랑하는 소설 속 주인공 김옥기 누님이 반쪽짜리 땅에서 살아온 생생한 삶의 모습이었다.

소설 『쑥고개』 작가의 말. 1993년 이가책

'소설 李外秀'에 대한 나의 생각

 '소설 이외수'가 어쩌다 내가 내는 짧은 소설집의 제목으로까지 나오게 되었는지 모를 일이다. 이 글은, 내가 『소설문학』의 편집을 할 때였으니까 그때가 아마 1980년 2월호쯤으로 기억된다. 내가 편집하는 잡지에 내 이름을 달고 나가기가 뭣해서 다른 작가분의 이름을 잠시 빌려 내보낸 적이 있다.

 그 후 이 「소설 이외수」라는 글은 참으로 많은 독자들에게 읽혀졌으리라고 생각된다. 왜냐하면 여성지에서 다달이 부록을 만들어주던 무렵에 그의 에세이를 부록으로 만들었을 때도 들어갔고, 그 다음은 그의 첫 에세이집 『내 잠 속에 비내리는데』에도 수록됐고, 그의 대표적인 작품집 『언젠가는 다시 만나리』에도 수록되었으니 이 「소설 이외수」는 그야말로 문예지, 여성지, 에세이집, 대표작품집을 가리지 않고 막무가내로 들어갔으니 얼마나 많은 독자들이 읽어보았겠는가.

 그러나 막상 그 글을 쓴 나로서는 불만이 없을 수 없다. 그 글을 쓴 것은 그의 문단 데뷔 초기에 불과한 것이지 그 이후 그의 참모습은 전혀 아니라는 점이다.

이외수를 만난 지 어언 15년이 되어간다. 문단이나 신문·잡지의 기자들도 내가 유독 이외수의 편에 서서 그의 신화를 창조하는 데 일익을 담당했음을 알고 계신 분은 이해할 것이다.

이제부터 나는 이것보다는 길고도 긴 그의 실명소설을 한번 써보고 싶다. 그리고 여기에 함께 수록하는 나의 다른 짧은 소설들 역시 내 문단 데뷔 만 23년을 혼자 자축하는 것이라고 밖엔 달리 할 말이 없다.

1994년 1월

박석수

콩트집 『소설 이외수』 작가의 말, 1994년 도서출판 술래

박석수朴石秀

1949~1996년

시인 소설가. 경기 평택군 송탄면 지산리 출생. 중앙대 신방대학원 출판잡지학과 졸업. 1971년 대한일보 신춘문예에 시 「술래의 노래」 당선. 1980년 『월간문학』 신인상에 소설 「신라의 달밤」이 당선. 『소설문학』, 『직장인』, 『여원』 편집부장 역임. 〈시와 시론〉 동인.

박석수 전집 ❻ 평론

박석수문학의 흔적과 궤적

지은이_ 박석수
기　획_ 박석수기념사업회
펴낸이_ 조현석
펴낸곳_ 북인
디자인_ 푸른영토

1판 1쇄_ 2025년 12월 01일

출판등록번호_ 313 - 2004 - 000111
주소_ 서울 마포구 동교로19길 21, 501호
전화_ 02-323-7767
팩스_ 02-323-7845

ISBN 979 - 11 - 6512 - 514-1　03810
ⓒ 박석수, 2025

이 책은 2025 평택시 문화예술 공모사업 지원금으로 출간되었습니다.

이 책의 글과 그림에 관한 저작권은 저자와 출판사에 있습니다.
저자 허락과 출판사 동의 없이 내용의 일부를 인용, 발췌를 금합니다.